CICLO DE EXCELÊNCIA DO CONSTELADOR

Desenvolvendo habilidades essenciais
para facilitar constelações sistêmicas

MARIO KOZINER

CICLO DE
EXCELÊNCIA
DO CONSTELADOR

Desenvolvendo habilidades essenciais
para facilitar constelações sistêmicas

Texto fixado conforme as regras do novo Acordo Ortográfico da Língua Portuguesa (Decreto Legislativo no 54, de 1995).

Colaboração: Eliane Dell'Omo

Edição: Adriana Bernardino

Revisão: João Campos/Silvia Segóvia

Capa e Projeto Gráfico: Estúdio Namie/Paula Korosue

Imagem de capa: © Studiom 1/123RF

Imagens de miolo: Pág. 18 © Studiom 1/123RF, Pág. 23 © Gordon Johnson/Pixabay, Pág. 26 © Valentin Lacoste/Unsplash, Pág. 48 © Pixabay, Pág. 60 © Johannes Plenio/Unsplash, Pág. 80 © Akiyoshi Kitaoka via RIKEN BSI Neuroinformatics Japan Center, Pág. 84 © Pexels, Pág. 100 © Paula Korosue, Pág. 130 © Pixabay, Pág. 142 © Pexels, Pág. 146 © Geralt/Pixabay.

Dados Internacionais de Catalogação na Publicação (CIP)
(Câmara Brasileira do Livro, SP, Brasil)

Koziner, Mario
Ciclo de excelência do constelador : desenvolvendo
habilidades essenciais para facilitar constelações
sistêmicas / Mario Koziner. -- 1. ed. -- São Paulo :
Mario Angel Koziner, 2020.

Bibliografia
ISBN 978-65-000212-5-7

1. Autoconhecimento (Psicologia) 2. Constelações
3. Direito sistêmico 4. Constelações familiares
5. Fenomenologia 6. Pedagogia sistêmica 7. Relações familiares
8. Terapia sistêmica I. Título.

20-35856   CDD-616.89156

Índices para catálogo sistemático:
Constelação sistêmica : Terapia familiar
616.89156

Direitos de edição por Instituto Koziner
www.institutokoziner.com

1ª edição, 2020

A Cecilia, minha mãe, que me ensinou sobre a Força do Amor.
A Manuel, meu pai, que me ensinou sobre a Alegria de Viver.
Aos meus filhos e netos Clara, Gabriel, Rafael, Noah, Beni e aos
que virão, eles me ensinam sobre como a Força do Amor e a
Alegria de Viver continuam dia após dia.

Agradecimentos:

A Bert Hellinger, que nos deixou um legado ainda pouco explorado; as sementes que nos apresentou darão muitos frutos em diferentes áreas de aplicação. Agradeço a Adriana, pela paciência e dedicação, também a Eliane pela perseverança e compreensão. Sem elas, este livro não teria chegado a seu fim.

Sumário

Prefácio

*"Quando eu disse ao caroço de laranja que
dentro dele dormia um laranjal inteirinho,
ele me olhou estupidamente incrédulo."*

(Professor Hermógenes)

O interesse em atuar com constelações familiares, abordagem sistêmico-fenomenológica criada pelo filósofo alemão Bert Hellinger, tem crescido no mundo todo. No Brasil, especialmente, o número de interessados nessa disciplina aumentou depois de as constelações serem incluídas nas áreas da Pedagogia e do Direito sistêmico, assim como no leque de medicinas integrativas.

Muito pouco, entretanto, tem-se publicado sobre a formação do constelador; não apenas em nível teórico, mas também quanto a seu autodesenvolvimento. Assim, esta obra nasceu com a intenção de refletir sobre a postura do facilitador em constelações sistêmicas. Afinal, como se preparar para facilitar dinâmicas tão profundas? Como se preparar para o que sucede e permeia uma constelação, do momento em que o consultante traz seu tema até o final?

Em minha experiência como constelador e formador de facilitadores em constelações sistêmicas, observei que nos aprofundarmos nos conceitos de Hellinger é indispensável. Imprescindível também é seguir desenvolvendo nossa atitude de permanecer no centro vazio, assim como estar sempre lapidando nossas capacidades de observar, perceber, intuir e agir, aprimoramento necessário num trabalho tão sutil.

Sabemos que é muito importante ouvir o conteúdo que os consultantes trazem no momento da constelação (motivo da consulta, qual solução desejam etc.). Entretanto, necessitamos não deixar escapar o essencial, o que está além das palavras.

Nos cursos de formação, me perguntam, por exemplo: "como você sabia que, naquele momento, era preciso fazer tal movimento?", "como você sabia que tinha de abrir uma constelação multidimensional?" etc. A expectativa, em geral, é ter como resposta alguma fórmula.

Na atitude fenomenológica, entretanto, ensinada por Bert Hellinger, não há "receita de bolo". Daí o grande desafio do facilitador e a beleza das constelações: suas dinâmicas são vivas e surgem no aqui e agora do campo; portanto não podem ser controladas pela mente do constelador, nem dos representantes.

Por esse motivo, um dos pontos que você verá com frequência neste livro é a necessidade de se autoconhecer profundamente e de saber silenciar a si mesmo para ouvir as necessidades do campo do consultante. Com a complexidade que o tema exige, ele se propõe a explorar o não manifesto, o contexto das constelações, aquilo sobre o qual não se costuma falar e a acompanhar você, passo a passo, em sua jornada de autodesenvolvimento e autoconhecimento para se tornar um facilitador que tenha como premissa o aprendizado contínuo.

Cada uma de suas etapas traz explicação teórica, relatos de constelação, contos e exercícios que vão ajudar a vivenciar o poder transformador do que está sendo proposto. Por isso, meu conselho é que os capítulos sejam lidos na ordem em que são apresentados e que você só passe para o próximo depois de fazer as práticas sugeridas.

Desejo que esta obra possa contribuir para você exercer com excelência seu papel de facilitador em constelações sistêmicas!

Boa jornada!

Mario Koziner

Introdução

"O que se opõe ao descuido e ao descaso é o cuidado.
Cuidar é mais que um ato; é uma atitude.
Portanto, abrange mais que um momento de atenção.
Representa uma atitude de ocupação,
preocupação, de responsabilização
e de envolvimento afetivo com o outro."

(Leonardo Boff)

O resultado de nossas ações está intrinsicamente ligado ao modo como as realizamos. Tomar um café, lavar a louça ou ler um livro, por exemplo, podem ser apenas mais uma atividade rotineira, que realizamos automaticamente, ou, quem sabe, a (re)descoberta de sabores, cores, temperaturas, aprendizados, histórias e transcendências.

Portanto há muitas formas de fazer o que fazemos: com mais ou menos dedicação, mais ou menos foco, mais ou menos cuidado. "Cuidado...". É especialmente essa postura que gostaríamos que você adotasse ao ler este livro, pois, desse modo, poderá trazer à luz a sua própria criação, o constelador único que você é.

O Mito do Cuidado permite tornar essa ideia ainda mais clara:

◆ Fábula de Higino

Havia uma vez e não havia uma vez...

Um dia, quando atravessava um rio, Cuidado deparou-se com um pedaço simples de barro e sentiu vontade de lhe dar uma forma. Modelou-o com toda a sua atenção e ternura, até que o resultado fez brilhar os seus olhos.

Então, Cuidado pediu a Júpiter que soprasse o espírito nele.

– Claro! – respondeu o deus, contente.

Perfeito! Agora, faltava um nome. Cuidado pensou em voz alta:

– Ele vai se chamar...

– Vai se chamar Júpiter, é claro, tem meu espírito! – completou o deus.

Uma discussão calorosa começou e se intensificou com a manifestação da Terra:

– Essa criatura é feita do material do meu corpo. Logo, deve ter o meu nome, Terra!

Diante do impasse, resolveram pedir a Saturno que fosse o árbitro.

– Júpiter, você deu o espírito e o receberá de volta depois que a criatura morrer. Terra, o mesmo acontecerá a você: terá o barro de volta.

E depois de breve pausa, Saturno decidiu:

– Se chamará "homem", pois é feita de húmus, isto é, "terra fértil" – proferiu Saturno. – Cuidado, você a moldou, portanto cuidará dessa criatura enquanto ela viver...

Cada vez que abrir este livro, abra também as janelas da sua alma para que, por meio dela, você possa compreendê-lo de outra perspectiva.

Do mesmo modo com que Cuidado preparou sua criatura, estamos nos moldando o tempo todo na interação com o mundo, o transformamos e somos transformados por ele. Assim também é no papel de facilitadores em constelações.

Vamos trilhar juntos este trecho do caminho para seguir cuidando de nós mesmos e dos outros?

Capítulo I
Bússola do Campo

"Alice perguntou:

– Gato Cheshire... pode me dizer qual o caminho que eu devo tomar?

– Isso depende muito do lugar para onde você quer ir – disse o Gato.

– Eu não sei para onde ir! – disse Alice.

– Se você não sabe para onde ir, qualquer caminho serve."

(Lewis Carroll)

O termo original do alemão, dado por Bert Hellinger, para identificar a abordagem sistêmico-fenomenológica das constelações familiares é *familienstellen*, que significa "colocação familiar". Nos Estados Unidos, *familienstellen* foi traduzido como *family constelations* e no Brasil seguiu-se a tradução americana.

Palavra derivada de *constelar* – do latim *com* ("grupo") e *stellar* ("estrela") –, constelações são agrupamentos aparentes de estrelas que os astrônomos da Antiguidade imaginaram como se fossem figuras de pessoas, animais ou objetos. Similarmente, a imagem da constelação serve ao propósito de identificar a configuração do grupo familiar e o lugar de cada pessoa no sistema de sua família de origem e como isso pode ser saudável ou prejudicial para o relacionamento entre seus componentes.

Mandala

A palavra "mandala" vem do sânscrito e significa "círculo"; portanto, uma mandala é um agrupamento circular. As primeiras mandalas da história surgiram no Tibete do século VIII e eram usadas como instrumentos de meditação.

As mandalas estão presentes também em outras culturas do extremo Oriente como um símbolo do sagrado: no *yin-yang* chinês, nos *yantras* indianos, nos *thankas* tibetanos, nos vitrais das catedrais católicas, nos escritos herméticos, na arte sacra dos séculos XVI ao XVIII e em várias outras representações. Esse símbolo – que universalmente representa a integração, a totalidade e a harmonia – será o mapa que nos guiará neste livro.

Imaginemos o "campo" da constelação como uma mandala, na qual as Ordens do Amor conduzem o sistema do consultante para a integração e a harmonia da totalidade dos seus componentes. Quais atitudes o facilitador em constelações deveria ter para se deixar conduzir pelas forças "invisíveis" que guiam o campo nessa direção?

Atitude do constelador: capacidades essenciais a desenvolver

Surgida no século XVII, a palavra *atitude* – do italiano *attitudine* ("postura", "disposição"); do latim *aptitudo* ("adequação"); de *aptus* ("certo", "adequado") – era usada inicialmente como um termo técnico na arte para descrever a postura de uma figura num quadro ou estátua. Depois se generalizou para postura física sugestiva de um estado mental.

Embora se diga que não há um método em constelações sistêmicas, existem, sim, passos a dar nessa trajetória, "atitudes" mais adequadas para o constelador se deixar conduzir pelas forças do campo que insinuam os "caminhos de solução" de uma constelação.

Acompanhando durante anos os trabalhos e textos de Bert Hellinger, observando-o e vivenciando seus seminários e cursos, assim como minha própria experiência, poderia dizer que há cinco capacidades essenciais, que são o mapa, ou a bússola, indispensável para o constelador se guiar no seu trabalho.

Essas capacidades são as de saber:

1. Permanecer no centro vazio;
2. Observar;

3. Perceber;
4. Intuir;
5. Agir (dar o próximo passo assertivo).

Sugiro que você use esse mapa como referência para desenvolver uma atitude consteladora que lhe permita se deixar guiar pelas forças ecológicas do campo, no sentido de possibilitar uma ajuda eficaz para os sistemas dos seus consultantes. Esse mapa, entretanto, não é estático; em vez disso, como se fosse uma bússola, está em constante movimento, à medida que a constelação vai se desenvolvendo.

Podemos estar simultaneamente: **observando** a postura de dois representantes do sistema, "dialogando sem palavras"; **percebendo** como isso impacta no emocional do consultante; **intuindo** que em breve vamos necessitar chamar um outro representante para entrar no campo; e **agindo** ao dar o próximo passo quando sugerimos uma fala para outros representantes.

Esse círculo mantém a mandala em constante movimento. Quanto mais o constelador ativar essas capacidades, mais fluida será a constelação.

Observar

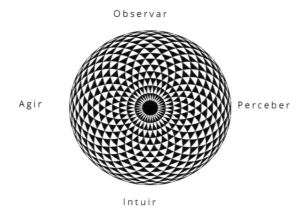

Agir

Perceber

Intuir

Ciclo de excelência do constelador fala sobre essas cinco capacidades e a importância de expandi-las. Dá exemplos (relatos reais de constelação e contos) do que acontece quando as desenvolvemos e, também, de quando não as ativamos o suficiente. Propomos meditações e exercícios práticos para aprimorá-las.

Convido você a integrar de forma teórica e prática os postulados da visão sistêmica e da atitude fenomenológica descrita por Bert Hellinger.

Capítulo II
Centro Vazio

"Aquilo que é essencial não pode ser observado. As coisas essenciais se encontram atrás das coisas que conseguimos observar. E como alcançamos o conhecimento essencial? Expomo-nos a uma situação sem o desejo de que ela seja diferente daquilo que é. Expomo-nos, por exemplo, a um cliente sem o desejo de que alguma coisa seja diferente daquilo que é. E expomo-nos a nós próprios sem o desejo de que devemos saber mais. Desta forma tornamo-nos vazios. E então, de repente, aquilo que é essencial é visto."

(Bert Hellinger)

Todos os passos sugeridos neste livro – a saber: observar, perceber, intuir e agir – têm um elemento em comum: eles são permeados pelo que Bert Hellinger chamou de centro vazio. Antes de nos aprofundarmos nesse tema, porém, convém esclarecer a diferença entre o significado que a palavra vazio popularmente assume na cultura ocidental (o vazio interior) e o significado que trataremos neste contexto.

Quando falamos de *vazio*, geralmente o associamos ao vazio existencial, isto é, a uma sensação de angústia, de limitação; um buraco na alma, a ausência de perspectiva ou sentido na vida.

"Temos vários motivos para nos esquivar do significado de nossos encontros emocionais com o nada. Eles são premonições do nada da morte. Eles ecoam a falta de fundamento da existência humana."

(Martin Heidegger)

No entanto há outra forma de olhar o vazio, especialmente no Oriente. Ele também pode ser entendido como consciência pura e potencial ilimitado. Gostaria de metaforizar esses dois sentidos da palavra vazio em um conhecido conto, que aqui tomo a liberdade de adaptar:

♦ O vazio de Ana

> *Havia uma vez e não havia uma vez...*
> *Uma menina chamada Ana. Ela vivia feliz com sua família e amigos numa pequena região, próxima às montanhas.*

Ana passava os dias fazendo aquilo que todas as crianças de sua região faziam: brincava, ia à escola e, com seu olhar de descoberta, se deslumbrava com as coisas da natureza – desde as mais pequeninas, como os insetos, até as maiores e mais misteriosas, como as estrelas.

Um dia, porém, aquela história feliz mudou. Era outono. Ana acordou, abriu as janelas e viu as últimas folhas amareladas de sua árvore favorita se desprendendo dos galhos.

Então, olhou para si e viu que o mesmo se passava com ela: tinha um buraco bem no meio da barriga, sem folhas, sem flores; aparentemente, sem vida. Pela primeira vez, sentiu um imenso vazio.

"O que fazer?", ela pensou assustada. Via passarem por aquele vazio monstros, seres sombrios, inimagináveis. Pensou em escondê-lo ou, quem sabe, preenchê-lo... Mas de quê?

Tentou comer muito, usar roupas largas, não desgrudar do celular, da TV, dos amigos. Às vezes, parecia até que funcionava, e o buraco já não era tão grande; mas, quando ficava sozinha, Ana se sentia desabitada.

O que você acha? Será que Ana encontrará algo que a preencha? Como terminará essa história?

Um dia, sentada no jardim, sem saber mais o que fazer, Ana simplesmente decidiu dizer "sim" àquele buraco. Um "sim" que saiu de algum lugar que ela nem conhecia dela mesma.

Decidiu dizer "sim" ao seu vazio, se render. Não era submissão nem resignação. Era saber que ela tinha e convivia com um vazio por onde passava uma série de sombras e mais sombras, mas ela decidiu dizer "sim" e aceitá-lo.

Você pode imaginar o que aconteceu?

Pois como num passe de mágica, por ali começou a aparecer uma borboleta, depois várias borboletas; apareceram também flores, plantas, árvores muito bonitas, aves, aromas...

Cada vez que Ana conseguia se conectar com aquele vazio aparecia uma coisa diferente; aparecia até intuição sobre o que fazer, por exemplo, com quem brincar, em quem não confiar, o que falar, quando silenciar etc.

Assim foi que o vazio de Ana se tornou um grande aliado dela. Um dia, ela viu naquele vazio um anjo, como se fosse ela mesma, mas em outra dimensão, e o anjo perguntou: aprendeste a lição?

A partir dessa narrativa, podemos pensar no vazio em seus dois significados: como falta (a menina sente um buraco que não sabe como preencher) e como um lugar de onde podem surgir todas as possibilidades (imagens, sentimentos e intuições). Mas como passar de um estado a outro?

Bert Hellinger aponta um caminho que ele mesmo percorreu e no qual obteve sucesso em seu trabalho com as constelações: é preciso nos expormos a nós mesmos sem o desejo de que devemos saber mais; aceitar o que se apresenta tal como é (Ana aceita o vazio).

Vamos aprofundar um pouco mais, você me acompanha?

Caminhando para o centro

*"Dentro de mim há tal mistério que
as novidades vêm de mim mesma."*

(Clarice Lispector)

Vamos imaginar uma cachoeira cujas águas jorram espumosas, formando um rio de margens estreitas entre as montanhas. Elas seguem tumultuosas até que as margens do rio se ampliam e formam um lago de águas muito calmas. À beira desse lago estamos eu e você. Nós olhamos para o fundo e conseguimos vê-lo.

As águas são como a nossa mente, que, quanto mais se tranquiliza, mais profundamente somos capazes de perceber nossa mente e o mundo ao redor. Poderíamos até, se quiséssemos, entrar no lago agora e constatar que existem diferentes níveis de profundidade.

Na superfície, ainda se ouve algum barulho, mas, à medida que vamos "mergulhando", há cada vez menos som... cada vez menos... até chegarmos ao silêncio. E, se seguirmos aprofundando mais, o que encontraremos? Um silêncio absoluto, ensurdecedor. O que isso significa? Que chegamos ao centro vazio...

Nesse lugar, entretanto, nos deparamos com um paradoxo. Ao falarmos "vazio", estamos colocando um som ou uma palavra, isto é, trazendo algo da superfície do rio (mente). Logo, quando o nomeamos, deixa de ser vazio.

*É impossível mergulhar na superfície, assim como
é impossível nadar na profundidade.*

Não há possibilidade de simbolizar a profundidade; é preciso vivenciá-la. A complexidade, porém, é apenas teórica. Na prática, não é difícil diferenciar se nos encontramos na mente ou no centro vazio: Na primeira opção, estamos fragmentados, isolados, divididos entre os mundos interno e externo (bem ou mal, alto ou baixo, feio ou bonito, bom ou ruim).

Na segunda, ao contrário, há integração. Não há diferença entre mim e você, entre você e o mundo, entre você e a natureza. No centro vazio, tudo é transcendido: você é a natureza, você é o mundo, você sou eu. Ainda que flutue nas águas da lagoa, você também é a água e a própria lagoa!

Reflexões sobre o vazio

"O Tao, ou seja, o Caminho, na condição de Absoluto, é uma espécie de Vazio. Esse Vazio não significa ausência da forma, mas sim a potencialidade de criação de todas as formas. É paralelamente uma condição passiva e criativa. É a origem da existência e a existência propriamente dita, na sua forma integral e nas infinitas possibilidades que fazem parte deste todo. É uma energia inesgotável que encerra a existência em si, estando além da existência, além do tempo e do espaço infinito."

(Tao Te Ching)

bordar um termo tão inapreensível quanto o vazio, temos de inevitavelmente caminhar por paradoxos, contradições capazes de dar um nó nas tentativas racionais da mente de compreender o incompreensível.

Como falar sobre o que só pode "ser" enquanto experiência? Aquilo que, quando definido, torna-se ainda mais impreciso; que desaparece quando tentamos fazê-lo aparecer. Enfim, daquilo que só comunica quando silencia.

"Se ninguém me pergunta, eu sei; mas, se me perguntam e eu quero explicar, já não sei."

(Santo Agostinho)

Um importante discípulo de Buda, chamado Subhuti, teve experiência parecida com a de Santo Agostinho. Conta-se que ele foi capaz de compreender o potencial do vazio. Aconteceu assim:

◆ A sabedoria de Subhuti

Havia uma vez e não havia uma vez...

Subhuti se sentou sob a sombra de uma árvore para descansar. Pouco depois, as flores começaram a cair sobre ele. Enquanto as pétalas pousavam em seu corpo, Subhuti ouviu a voz dos deuses, que sussurraram em seu ouvido:

– Nós o louvamos pelo seu discurso sobre a vacuidade, Subhuti.

Surpreso, o discípulo respondeu:

> – Mas eu nada falei sobre o vazio em meu discurso...
> Os deuses pareceram ainda mais satisfeitos:
> – Sim, este é o verdadeiro vazio – disseram, e as flores choveram sobre Subhuti.

Em muitas filosofias do Oriente, o vazio, ou vacuidade, é entendido como um estado puro de consciência que não pode ser percebido com os sentidos nem conceitualizado. É expansão total de consciência, uma conexão com o "todo". Em termos ocidentais, costumamos chamar de "força maior", como Hellinger também a denominou.

Nesse vazio se hospedam diferentes níveis de profundidade, que, segundo teorias da nova física, podemos chamar de universos paralelos, multidimensionalidade, entre outras denominações, e que tradições orientais chamam de nirvana, samadhi etc. É justamente por esse conceito que Hellinger parece ter se influenciado quando fala de centro vazio nas constelações:

"Eu não faço grandes reflexões [sobre o vazio] porque me atenho a um velho amigo meu, um certo Lao-Tsé, que morreu há muito tempo."

(Bert Hellinger)

Ao filósofo Lao-Tsé se atribui a fundação do taoísmo, tradição filosófica chinesa que tem como conceito-chave o Tao, palavra que em chinês pode significar "caminho".

Também Hellinger, ao se referir ao seu próprio trabalho, não falava em terapia, técnica, filosofia ou método. Em vez disso, ele o denominou de "um" (e não "o") caminho. "Mas 'caminho' do que, para onde?" Baseado em minha experiência, eu complementaria dessa maneira: as constelações sistêmicas são um caminho de expansão de consciência.

Quem consegue acessar o vazio?

"O Tao que pode ser nomeado deixa de ser Tao."

(Lao-Tsé)

Com tudo que foi dito até aqui, é provável que você esteja se perguntando: é possível que um mortal comum, facilitador de constelações, instale-se no centro vazio? Ou tal experiência seria destinada apenas aos budas e iluminados?

◆ O mendigo e o baú

Havia uma vez e não havia uma vez...

Por mais de trinta anos, um mendigo ficou sentado no mesmo lugar, debaixo de uma marquise. Até que um dia, uma conversa com um estranho mudou sua vida:

– Tem um trocadinho aí pra mim, moço? – murmurou, estendendo mecanicamente seu velho boné.

– Não, não tenho – disse o estranho. – O que tem nesse baú debaixo de você?

– Nada, isso aqui é só uma caixa velha. Já nem sei há quanto tempo me sento em cima dela.

– Nunca olhou o que tem dentro? – perguntou o estranho.

– Não – respondeu. – Para quê? Não tem nada aqui, não!

– Dá uma olhada dentro – insistiu o estranho, antes de ir embora.

O mendigo resolveu abrir a caixa. Teve que fazer força para levantar a tampa e mal conseguiu acreditar ao ver que o velho caixote estava cheio de ouro.

(Eckhart Tolle)

Como o "mendigo" da história, todos temos a capacidade, ainda que adormecida, de perceber o centro vazio, que é nosso tesouro. Entretanto, o constelador deve descobrir e desenvolver o observador de si mesmo, a partir do qual será capaz de captar não só o campo das constelações, como também o rico campo que tem dentro de si.

Bert Hellinger acreditava na capacidade que temos de nos conectar com o "todo". Ele propunha ao constelador se aproximar desse estado o tanto quanto possível.

"Essa é uma postura apropriada para o terapeuta: que ele se recolha ao centro vazio. Ele não precisa fechar os olhos ao fazer isso. O centro vazio está conectado. Não está fechado." [*]

* Bert Hellinger, Primeiro Seminário Internacional "Las Ordenes de la Ayuda", México, 2004.

A possibilidade de aproximação do centro vazio aumenta quando o pensamos como parte de nossa própria fisiologia essencial. Vejamos: a respiração tem quatro momentos: inalação, pausa, exalação e pausa. No final da exalação, há uma pausa, aquela que nos abre as portas para perceber o que poderíamos denominar de vazio.

Por que nos parece tão difícil perceber o vazio e a pausa?

Uma resposta provável é que a mente está constantemente cheia de pensamentos incessantes. Como nossa cultura é predominantemente mental, não reparamos no "entretempo", nas pausas.

É no entretempo dos pensamentos que podemos contemplar o essencial, aquele estado no qual se estabelece o que realmente somos.

O constelador como mergulhador de si mesmo

"Quem olha para fora, sonha; quem olha para dentro, desperta."

(C. G. Jung)

Estar no centro vazio exige prática meditativa constante. Para apreender a importância desse processo, podemos fazer uma analogia, imaginando-nos como um mergulhador:

Primeiramente, descemos cinco metros; depois, mais um pouco, até nos habituarmos; depois, podemos avançar mais 10, 15 metros, até conseguir descer bem profundo.

É na profundidade que se encontram as informações que esclarecem os emaranhamentos da trama familiar. Quanto mais profundo o constelador possa mergulhar, mais clareza terá para perceber as origens dos padrões repetitivos do sistema familiar do consultante.

Então, em vez de olharmos do térreo, é como se estivéssemos no topo do prédio: nossa visão se amplia. Em vez de olharmos de dentro da floresta, olhamos do topo da montanha, e a paisagem não é mais isto ou aquilo, mas uma unidade.

Do centro vazio vem a informação que surpreende os participantes, os representantes e o próprio constelador.

Todo o conhecimento técnico das constelações e tudo que temos como bagagem teórica de aprendizado não estão mais entre o campo e nós, mas atrás de nós. Entre nós e o campo se estabelece uma relação direta; o que chamamos de "eu" deixa de ser "meu eu" e se estabelece o inapreensível; revela-se, assim, o "campo espiritual", um nível mais elevado de consciência.

É esse nível que atua, decodifica o campo e dirige os passos assertivos para guiar a constelação.

Aceitação do que é

"Desde o vazio consciente, damos as boas-vindas a todos os hóspedes. O ser humano é como uma casa de hóspedes:

Toda manhã um recém-chegado,
uma alegria, uma tristeza, uma mesquinhez.
Uma percepção momentânea chega,
como visitante inesperado.
Acolha a todos!
Mesmo se for uma multidão de tristezas,
que varre violentamente sua casa
e a esvazia de toda a mobília.
Mesmo assim, honre a todos os seus hóspedes,
eles podem estar criando espaço para
a chegada de um novo deleite.
O pensamento escuro, a vergonha, a malícia.
Receba-os na porta sorrindo e convide-os a entrar.
Seja grato a quem vier,
porque todos foram enviados, como guias do além."

(Rumi)

Temos medo do que pode se apresentar em uma constelação? Estamos preparados para aceitar a solução que o sistema do consultante propõe, ainda que seja diferente de nossa vontade?

Como médico, tive que reformular muito minhas crenças para poder ter uma atitude consteladora, já que tanto as áreas da medicina quanto as da psicologia tendem a seguir um modelo de ajuda diferente do proposto por Bert Hellinger:

Quem se recolhe ao centro vazio está sem intenção e sem medo. De repente, algo se ordena ao seu redor sem que ele se movimente. Essa é uma postura apropriada para o terapeuta: que ele se recolha ao centro vazio. Quem tem medo do que poderia acontecer, pode desistir, e ele permanece sem intenção, sem intenção de curar. No centro vazio – isto é naturalmente apenas uma imagem – se está conectado. Nessa conexão, quando nos submetemos, emergem, de repente, imagens – imagens de solução.

Seguimos, então, as imagens. E nisso acontecem também erros, é bem claro. Mas os erros se regulam através do eco que vem. Portanto, o terapeuta não precisa ser perfeito nessa postura. Ele também não se arroga a ser superior. Ele está apenas quieto nesse centro.

Então, esse tipo de trabalho dá resultado. É a humildade que desempenha aqui um importante papel, essa ausência de intenção que concorda com o doente assim como ele é, que concorda com a sua doença, assim como ela é, concorda com o seu destino, assim como ele é. Ninguém é mais forte para vencer o seu destino do que aquele a quem ele pertence. O terapeuta é apenas alguém que está ao seu lado e, em sua presença, o cliente desenvolve suas próprias forças. Mas é esse não-interferir, esse apenas estar ao lado, que atua

(Bert Hellinger)

Quanto mais nos esvaziamos do desejo egoico, baseado no conhecimento técnico de como se deve proceder em uma constelação, melhor veículo somos para que a sabedoria que emerge do centro vazio atue com mais poder para essa ajuda acontecer.

Respeitamos o destino e entregamos o resultado a esse centro, sem desejo de nosso ego, de todas as crenças e preconceitos ou julgamentos que aprendemos sobre o que é ajudar. Tudo isso é um limitador para captar as informações do campo, então vamos nos rendendo a esse nível impossível de nomear para sermos impactados pelas suas informações de forma mais clara e lúcida.

❖ Relato de Constelação – Médico salvador

Houve uma vez, na Argentina, um médico de UTI que me procurou para constelar sua depressão, pois já estava pensando em tirar a própria vida. Quando abrimos a constelação, o representante dele foi para o chão, com os mortos.

Depois, entraram muitos representantes para os mortos e se deitaram também. Eram os pacientes dele que tinham morrido na UTI. Cada vez que morria alguém, uma parte da alma daquele médico "morria" junto, porque ele não aceitava a morte de seus pacientes.

Havia uma dinâmica oculta na família que explicava a posição dele e que foi reconfigurada durante a constelação. Mesmo assim, o médico voltava para o chão com os que tinham falecido na UTI. Então, substituí o representante pelo próprio consultante, com o intuito de que ele sentisse o que se passava ali.

– Você quer sair daí? – perguntei ao médico.

– Não! Eu sou o culpado por eles estarem mortos – ele respondeu.

Respirei fundo diante daquela resposta. Observei tudo que tinha de observar, percebi tudo que havia para perceber, fiz tudo que podia fazer até então. Nesse momento, permaneci no meu centro vazio, no nível de

consciência mais elevado que poderia estar. Senti então que não havia nada o que fazer, nada de nada. Aceitei o que se apresentou. E falei:
– Vamos deixar por aqui.

Às vezes, como nessa constelação, nos encontramos fazendo aquilo que nosso "eu" não gostaria. Se agisse com meu desejo egoico – isto é, se quisesse salvar a vida daquele homem, tirando-o daquele lugar –, faria exatamente o que ele estava fazendo com seus pacientes.

Naquele momento, percebi que eu havia conseguido mudar bastante meu sistema de crenças. Com muito amor, eu dizia internamente: "respeito o seu destino". E sentia uma dor também, como ser humano que sou, pelo destino dele.

Seu sistema familiar foi reconfigurado durante a constelação, mas ele continuava apegado, não queria sair, e eu aceitei. Depois de um tempo, eu soube que ele melhorou da depressão.

Nem sempre, entretanto, a constelação tem um "final feliz". O constelador precisa se desapegar dos resultados e confiar que a "força maior" que provém da sabedoria do sistema continuará o movimento da alma familiar *.

❖ Relato de Constelação – Separação

Certa vez, uma mulher trouxe o seguinte tema para constelar: estava envolvida com um namorado do qual queria se separar e não conseguia.

* Para Bert Hellinger, na alma familiar ou inconsciente familiar estão todos que fazem parte da família (vivos e mortos).

Durante a constelação, ela se deitou no chão ao lado da mãe e não queria sair daquela posição.

Permaneci no centro vazio e, depois de vários movimentos e falas, senti que deveria finalizar a constelação. Como no exemplo anterior, o grupo que acompanhava o trabalho ficou intrigado com minha postura de deixá-la no chão, ao lado da mãe. Dois meses depois, quando nos reencontramos, o semblante dela estava diferente, mais pleno.

Para a consultante, os movimentos da constelação foram altamente positivos, pois ela tomou conhecimento do emaranhado em que estava envolvida e ampliou a consciência sobre si mesma.

Como humanos, temos a tendência de querer ajudar segundo nossos critérios do que "deveria ser". Entretanto, como consteladores não devemos interferir no destino de ninguém, porque – além de a solução não estar em nossas mãos – poderemos carregar a bagagem do sistema familiar daquela pessoa.

Segundo alertou o próprio Hellinger, o facilitador, ao interferir, pode até adoecer. Por isso, ele aconselhava ter muito cuidado sobre como se posicionar no sistema do consultante.

◆ Xícara de chá

> *Havia uma vez e não havia uma vez...*
> *Conta-se que, durante a era do Imperador Meiji (1867-1912), havia um mestre japonês chamado Nan-In, sábio notório e muito procurado por aqueles que buscavam o autoconhecimento.*

Certa vez, Nan-In recebeu a visita de um professor universitário, jovem, mas que se considerava muito sábio. Assim que entrou na casa do mestre, o professor começou com longas elucubrações intelectuais sobre a vida. Fazia muitas perguntas, mas se antecipava com possíveis respostas a elas.

Silenciosamente, Nan-In preparou-se para servir o chá. Ele, então, encheu completamente a xícara de seu visitante. E continuou a enchê-la mesmo depois de ver o líquido transbordando, primeiro pela xícara, depois pelo pires, depois pela própria mesa.

O professor pulou num susto e, vendo que o mestre não parava, alertou:

– Mestre, o senhor não percebeu que a xícara já está transbordando, que não cabe mais nada?

– Pois você está exatamente como esta xícara – respondeu o mestre – transbordando de suas próprias opiniões. Como posso eu lhe demonstrar qualquer coisa? Primeiro, você deve esvaziar sua xícara.

Instalar-se e permanecer no centro vazio requer um trabalho interno muito profundo. Então como entramos no vazio se estamos tão cheios?

▸ Prática: meditação – Conectando-se com a respiração

Um dos caminhos que sugiro para nos conectar com a essência, com a profundidade, é entrar em estado meditativo (abordaremos esse tema mais amplamente no capítulo seguinte). A meditação aqui sugerida tem a intenção de nos conduzir um pouco mais para dentro de nós. Será que podemos deixar, por milésimos de segundo, as preocupações, soltar os pensamentos e não nos identificarmos com as emoções para perceber o centro vazio? Então vamos lá:

✓ Sente-se numa posição confortável, de preferência em uma cadeira de encosto reto e firme;

✓ Feche os olhos;

✓ Preste atenção em sua respiração: o fluxo natural e tranquilo do ar que entra e sai por suas narinas. Não tente controlar a respiração. Só preste atenção nela;

✓ Cada vez que inalar, diga mentalmente "dentro";

✓ Quando exalar, diga "fora". Essas palavras funcionam como uma música de fundo, um suave murmúrio em sua mente: "dentro... fora... dentro... fora...";

✓ Entre a inalação e a exalação, diga "pausa"; entre a exalação e a nova inalação diga novamente "pausa";

✓ Quando sua mente se desviar da respiração, preste atenção no que surge e lhe dê um nome: se ela for ocupada por um pensamento, diga mentalmente "pensando";

✓ Se o pensamento persistir, continue repetindo: "pensando... pensando";

✓ Se um som distrair sua mente, diga mentalmente: "ouvindo... ouvindo", até que sua atenção se afaste do som e volte à respiração;

✓ Se sua atenção for desviada por uma sensação no corpo, diga mentalmente: "sentindo... sentindo". E volte a concentrar a atenção na respiração;

✓ Não perca tempo tentando achar o nome mais adequado para o que está na sua mente. Use palavras simples, como "pensando", "ouvindo", "sentindo";

✓ Não se preocupe se a sua mente vagar. Reconheça que isto está acontecendo e diga mentalmente: "estou pensando..." "sentindo...", "ouvindo...". E volte: "dentro... pausa... fora... pausa", assim sucessivamente;

✓ Assim que quiser parar, abra os olhos e leve consigo essa concentração.

Sugiro que essa meditação seja praticada diariamente por, pelo menos, 5 minutos, mais de uma vez ao dia. A repetição informará para nosso cérebro que estamos treinando a atenção. Simultaneamente, estaremos desenvolvendo autoconsciência e observação de si mesmo, indispensáveis para a atitude consteladora.

Com essa prática é possível perceber que, no intervalo entre um pensamento e outro, entre uma palavra e outra, pode se abrir uma fresta, como se estivéssemos rapidamente abrindo uma porta por onde a luz do dia quer entrar com toda a sua força; e alguns de seus raios a transpassam mesmo!

Nessa fresta, podemos chegar a vislumbrar e a sentir o centro vazio. Não temos nada a fazer, ativamente falando; nesse caso só necessitamos "ser", algo como nos deixar tomar pelo que "é", sabendo que somos parte daquilo, não como uma ideia. Somos impossibilitados de o nomear, mas o podemos sentir.

Transpondo essa experiência ao âmbito do trabalho sistêmico como consteladores, vivenciar esse estado é essencial para que uma constelação se torne vívida e orgânica e, assim, percebamos as informações do campo.

Capítulo III
Meditação no Contexto
das Constelações

"As aves nunca deixam pegadas quando voam, nem os peixes deixam trilhas quando nadam. Da mesma forma, a meditação é uma experiência única. Você só precisa saber como voar ou nadar.**"**

(Sw. Atma)

Como dissemos – e vivenciamos – no capítulo anterior, a meditação é, por excelência, a disciplina que pode nos capacitar para acessar as informações do campo sistêmico.

Agora nos aprofundaremos um pouco mais nessa prática cujos benefícios hoje são comprovados pela neurociência, mas que já são conhecidos há milênios por sábios de várias partes do mundo e culturas diversas.

Desde 1979, quando o pesquisador Jon Kabat-Zinn, professor da Universidade de Massachusetts (EUA), iniciou os primeiros estudos sobre os efeitos da meditação em pacientes que sofriam com dores crônicas, gradativamente essa prática milenar deixou de estar vinculada à religião.

Zinn, a partir da própria experiência com meditação e ioga, criou o *mindfulness* ("atenção plena"), método difundido no mundo todo e que pode ser praticado por qualquer pessoa, em qualquer lugar. Há mais de 500 tipos de meditação em todo o mundo e, igualmente, muitas definições. Focando no âmbito das constelações sistêmicas, entretanto, vamos defini-la como a "prática sistemática da atenção", isto é, a atitude de observar metodicamente o que se passa dentro de nós (pensamentos, sensações e sentimentos) e no mundo externo: observar, delicada e incisivamente, pessoas, objetos, sons, cores etc., e trazer essas informações à luz da consciência.

Não pretendo que este livro ocupe o lugar dos vastos conhecimentos que temos hoje sobre a prática da meditação e suas múltiplas formas, apenas que desperte em você a importância de praticá-la.

Meditação com foco em respiração, em figuras geométricas, em objetos, em palavras ou frases (mantras). Meditação em quietude, em movimento repetitivo, em movimento espontâneo; seja qual for a prática que você adotar, será importante aos fins da atitude consteladora: permanecer no centro vazio e ativar as capacidades de observar, perceber, intuir e, assim, poder agir com a maior precisão possível no campo sistêmico.

Meditar ativa a atitude consteladora ————————————

"Não se pode chegar aos limites da alma caminhando; mesmo que se percorram às pressas todas as ruas, seu sentido é por demais profundo."

(Heráclito)

Será que a "nossa xícara" – como no conto do mestre (página 44) – está vazia para receber as mensagens do campo sistêmico, com suas dinâmicas ocultas, emaranhamentos* e caminhos de solução? Para ouvir os diversos dados que o campo revela sobre o sistema do consultante? Ou está tão cheia quanto a do professor do conto?

Observe que estamos falando de uma linguagem própria, inacessível à mente ou ao raciocínio lógico. Por isso, segundo meu critério, é essencial que o constelador pratique meditação sistematicamente.

Quando meditamos e mantemos a atitude meditativa, conseguimos ter uma atenção concentrada, indispensável ao bom desem-

---

* Questões mal resolvidas na família, vindas de gerações anteriores, que continuam afetando seus membros – por meio de doenças, dificuldades afetivas, financeiras, suicídios etc.

penho do constelador. Somos capazes de fazer tudo o que precisamos, com mínimo esforço e máxima eficácia. Seguindo o critério de Hellinger, conseguimos fazer mais com menos.

A esta condição, em que tudo flui com naturalidade, a neurociência chama de "estado de fluxo" ou *flow*. Muitas pessoas, apesar de reconhecerem a importância da meditação, sentem-se incapazes de meditar, pois acreditam ser uma prática muito difícil.

Essa ideia equivocada deve-se aos mitos que existem em relação à meditação; por exemplo, que ela só poderia ser praticada de olhos fechados, em postura de lótus, como uma estátua, e não ter pensamentos.

Se, ao se colocar nessa postura, a pessoa observa que sua mente está em hiperatividade, ela geralmente desiste de meditar. Mas, quando começa a praticar a atenção plena, percebe que é mais simples do que se imaginava. Todos os dias, de manhã, à tarde e à noite, se conseguirmos parar por dez minutos, o cérebro registrará que estamos no comando e que estamos propondo uma prática sistemática da atenção.

Meditando sistematicamente, estamos sugerindo ao nosso cérebro que desenvolva capacidades de atenção, concentração e até de contemplação. Como comprovado pelas neurociências, podemos afirmar que nosso cérebro tem plasticidade[*], o que significa que ele pode desenvolver novas habilidades quando praticadas com regularidade.

Como dissemos, independentemente de qual prática de meditação se trate, ela é uma das ferramentas mais eficientes para expandir nossa atitude consteladora.

---

[*] Neuroplasticidade, também conhecida como plasticidade neuronal, refere-se à capacidade do sistema nervoso de mudar, adaptar-se e se moldar a nível estrutural e funcional quando sujeito a novas experiências.

Só se pode achar um caminho de solução
quando se transcende a mente.

Conta-se que um mestre viu seu discípulo sobre um cavalo que cavalgava desgovernado pela estrada. O mestre gritou: "ei, aonde você vai?". O discípulo respondeu: "não sei, pergunte ao cavalo!"

A consciência é o cavaleiro. A mente, o cavalo. Se deixarmos um cavalo solto, ele fica desgovernado.

O constelador necessita instalar sua consciência no "cavaleiro", para se sintonizar com a "força maior", aquela que mostra o caminho da solução em uma constelação. Para isso, é preciso observar e compreender o funcionamento da mente.

Antes de entrar nesse tema, faz-se necessário um breve esclarecimento sobre os conceitos de mente e de consciência. Consideraremos, aqui, uma explicação que serve aos fins práticos das Constelações Sistêmicas.

◆ A bandeira e o vento

Havia uma vez e não havia uma vez...
Dois monges discutiam a respeito da bandeira do templo, que tremulava ao vento.
– É a bandeira que se move – um disse.
– É o vento que se move – respondeu o outro.
Então Hui-neng, o sexto patriarca, falou:

– Não é a bandeira que se move. Não é o vento que se move.
É a mente dos senhores que se move.
Os dois monges ficaram perplexos.

Mente é tudo o que produz os pensamentos. Podemos ser conscientes ou inconscientes do que é criado por ela. Na maior parte do tempo, entretanto, permanecemos inconscientes sobre nossos próprios pensamentos.

Podemos, por exemplo, em um breve período de tempo ficar pensando no que temos para fazer agora e também nas próximas horas e imediatamente passar à revisão de uma situação emocional que vivemos ontem que não foi resolvida. A mente é como se fosse um macaco louco que não para de pular de galho em galho. Ela está constantemente no passado e no futuro, tem dificuldade de estar no presente.

Atualmente, a maioria das pessoas sofre da síndrome do pensamento acelerado e ansiedade; preocupa-se em demasia com o que está por vir e deixa de colocar atenção no presente. A mente tem a intenção de controlar o futuro, como se, ao pensar exaustivamente nele, pudesse ter o domínio sobre o que vai acontecer.

Se estamos pensando que lá na frente as coisas não irão bem, esse medo domina a situação do presente, gerando ansiedade. Assim, o corpo começa a sintetizar hormônios e neurotransmissores, alterando nosso metabolismo, imunidade e nosso sistema neurológico de tal forma que nos sentimos como se já estivéssemos vivendo aquele momento.

Não podemos acalmar a mente por meio de um exercício mental, ou seja, a mente não pode ser controlada por ela mesma. É preciso que a observemos sem querer modificá-la, aceitando tudo o que ela produz.

Não é possível solucionar um problema no mesmo nível em que ele foi criado. Devemos ir a um nível superior, neste caso, o do observador, tomar distância, elevando a consciência.

No trabalho sistêmico, não é arbitrário afirmar que só se pode achar uma compreensão das dinâmicas ocultas e um caminho de solução quando se transcende a mente.

A **consciência**, por sua vez, pode ser definida, nesse contexto, como percepção, e não está regulamentada ou permeada por pensamentos, mas, sim, por compreensões mais amplas. Se estivermos conscientes do que estamos fazendo, sentindo e pensando, estaremos desenvolvendo consciência.

Mente	*Consciência*
Percepção fragmentada	Percepção unificada
Emaranhamentos	Ordens do Amor* em fluxo
Conflitos	Harmonia
Repetição de padrões	Movimento evolutivo
Sentimentos secundários	Sentimentos primários
Dissonância	Ressonância
Luta de opostos	Complementariedade
"Cavalo" veículo	"Cavaleiro" condutor

* Princípios básicos que orientam soluções de conflito nos relacionamentos, sintetizados por Bert Hellinger.

Benefícios da meditação

Vivemos em três níveis: corpo (matéria), mente (pensamentos, raciocínio, ego) e alma (energia pura). Em geral, nossa consciência permanece presa ao mundo físico e aos pensamentos do dia a dia, isto é, aos dois primeiros níveis (corpo e mente). A prática da meditação nos permite chegar ao nível da alma, além de ter outros benefícios cientificamente comprovados, como:

- Possibilita ao corpo um repouso profundo enquanto a mente permanece alerta;
- Aumenta a capacidade de prestar atenção;
- Amplia a percepção e a sensibilidade;
- Eleva a concentração;
- Diminui a pressão arterial e a incidência de doenças cardíacas;
- Reduz os níveis de colesterol e de glicose no sangue;
- Fortalece o sistema imunológico;
- Reduz o estresse, a ansiedade e a incidência de distúrbios psicossomáticos;
- Diminui a insônia, a irritabilidade e a depressão;
- Favorece a memória, a criatividade e a empatia;
- Propicia paz interior, restaurando a energia necessária para enfrentar os constantes desafios do dia a dia.

▶ Prática: meditação – Observando o movimento da mente

"Se você quer pegar um peixinho, pode ficar em águas rasas. Mas se quer pegar um peixe grande, terá que entrar em águas profundas."

(David Lynch)

Chegou o momento de os pensamentos e sentimentos perderem o protagonismo na mente. Eles serão apenas ondas e marolas que deixaremos passar, para, então, nos lançarmos à imensidão do mar e seus mistérios.

✓ Escolha um local calmo, nem muito claro, nem muito escuro;

✓ Sente-se no chão (sobre uma almofada), ajoelhado, ou em uma cadeira. Escolha uma posição em que você fique mais confortável;

✓ Mova o corpo para um lado e para o outro, até encontrar um ponto de equilíbrio;

✓ Mantenha a coluna reta, mas sem rigidez;

✓ Você pode fechar os olhos ou olhar para baixo, a 45 graus;

✓ Leve a atenção a sua respiração. Deixe que o ar entre suavemente pelas narinas. Faça uma pequena pausa e solte o ar pela boca. Repita algumas vezes;

✓ Em seguida, feche a boca e coloque a língua no céu da boca, atrás dos dentes superiores;

✓ Qual a temperatura do ar que entra e do ar que sai? A respiração é torácica ou abdominal? Só observe, não tente mudá-la;

✓ Agora, você está pronto para começar a observar a sua mente. Vão surgir pensamentos, sentimentos, imagens, emoções, memórias. Não se apegue a nenhum deles nem os rejeite, apenas observe como se observasse as nuvens no céu. Deixe-os passar;

✓ Permaneça por 5, 10, 15 minutos (no início, não ultrapasse 45 minutos);

✓ Abra os olhos e movimente o corpo devagar.

Capítulo IV
Observar

"É preciso ver toda a vida como quando se era criança; perder essa possibilidade é perder a chance de se exprimir de maneira original, isto é, pessoal.**"**

(Henri Matisse)

Tanto os milenares sábios quanto os cientistas contemporâneos de todas as áreas parecem atribuir suas realizações à permanente prática da observação, sem a qual nada de original seria possível.

Para a ioga, por exemplo, a auto-observação sem julgamento é considerada uma das práticas espirituais mais elevadas. Ela nos facilita descobrir os padrões inconscientes que governam a própria vida e, se necessário, transformá-los.

Observar é o próprio ato criador. Henri Matisse, pintor francês a quem são atribuídas grandes evoluções na pintura e na escultura, é categórico ao afirmar que "tudo o que vemos na vida diária sofre mais ou menos a deformação produzida pelos hábitos adquiridos (...). O esforço necessário para se desvencilhar disso exige uma espécie de coragem; e esta coragem é indispensável ao artista, que deve ver todas as coisas como se as estivesse vendo pela primeira vez"[*].

A atitude consteladora necessita ter esse ingrediente: observar o campo sistêmico como se o estivéssemos olhando pela primeira vez.

◆ O mestre e o príncipe

Havia uma vez e não havia uma vez...

Um rei enviou seu filho para estudar no templo de um famoso mestre. Queria preparar o príncipe para ser um grande governante.

Ao chegar ao templo, o mestre deu a primeira tarefa: o jovem deveria ir sozinho à floresta e ficar lá por um ano. Quando retornasse, teria de descrever os sons que ouvira.

* Ideias coletadas por Régine Pernoud, Le Courrier de l'UNESCO, vol. VI, n. 10, 1953.

Um ano se passou... O príncipe retornou e, como solicitado, narrou ao mestre sua experiência: "ouvi o canto de muitos pássaros, o perpassar das folhas, as asas dos beija-flores, a grama se movimentando ao vento, o zumbido das abelhas, o barulho do vento cortando os céus...".

O mestre escutou atento os relatos do príncipe e, depois de alguns instantes, repetiu: "retorne à floresta e ouça todos os sons possíveis". Certo de que já os havia escutado, mas sem poder contestar o mestre, o jovem caminhou para a floresta.

Nas primeiras semanas, se esforçou para ouvir algo além do que já tinha dito... inutilmente. Entretanto, certa manhã, algo inesperadamente novo aconteceu: havia, sim, sons que ele ainda não havia escutado!

"Certamente são esses os sons que o mestre espera que eu ouça", pensou o rapaz, convicto. E ouviu mais um pouco só para ter certeza de que estava certo. De volta ao templo, o sábio repetiu a esperada pergunta.

Com um sorriso, o príncipe respondeu: "ouvi o inaudível som das flores se abrindo, do sol aquecendo a terra e da grama bebendo o orvalho da manhã". O mestre, então, sorriu satisfeito. Agora, seu discípulo estava pronto.

Os exemplos e o conto acima nos dão ideia da importância de desenvolver a observação de nós mesmos e do campo sistêmico, para atuar como facilitador em constelações.

❖ Relato de Constelação – Anorexia

Estávamos no curso de formação em constelações sistêmicas, na Argentina, onde dei meus primeiros passos. Eu era ainda um estudante e, naquele momento, fui designado para abrir uma constelação para uma de minhas colegas de turma, a Laura. Ela se sentou ao meu lado; os outros colegas – cerca de 30 alunos sentados em círculo – ficaram observando.

– O que acontece? – perguntei a ela, assim que se acomodou. Enquanto aguardava a resposta, eu fazia o que tinham me ensinado: tentei, em primeiro lugar, observar aquela jovem mulher. Observei que ela olhava em alguma direção do meu lado direito e não fixava o seu olhar nos meus olhos.

Continuei observando. Suas mãos tremiam um pouco e sua voz era hesitante. Compreensível... afinal, ela estava na frente de uma turma de futuros consteladores e tinha de expor uma situação na qual se sentia muito vulnerável. Esses pensamentos me atravessavam e eu tratei de os acolher.

– Qual tema você quer constelar? – repeti a pergunta, com tranquilidade.

Então, Laura atravessou o umbral da inibição e falou sobre um sintoma que lhe tirava o sono, causava muita dor e a envergonhava. Imediatamente, percebi nela uma angústia e tratei de buscar indícios no seu rosto que confirmassem a minha percepção.

O olhar dela se voltou um pouco mais para baixo; as mãos já não estavam tão trêmulas, mas ela continuou balbuciante e curvou um pouco mais sua coluna. Sugeri que a jovem respirasse fundo, com a intenção de que conseguisse se conectar com a dor que ela estava trazendo e que acompanhava fazia tempo.

O sintoma, denominado comumente de anorexia, era um tanto vergonhoso para ela; afinal, não é nada agradável para uma jovem relatar que vomita compulsivamente.

– Laura, o que você gostaria de obter com esta constelação? – indaguei depois de ela expor o tema.

– Melhorar o sintoma e, se for possível, anulá-lo – ela respondeu.

Depois de sua fala, percebi em mim algo que se solidarizava com ela. Então, como um guerreiro que desembainha sua espada, me coloquei simbolicamente ao lado de Laura para anular aquele sintoma.

Observei minha intenção, mas, até ali, era só um movimento interno. De súbito, entretanto, senti que minha mandíbula se apertou um pouco mais e minhas mãos transpiravam. Algo não estava tranquilo em mim; afinal, eu estava indo para a guerra e tinha que lutar contra um monstro que estava consumindo a donzela.

Esse sentimento fazia ruído em mim e eu tratava de observá-lo. Como minhas formações em medicina e em psicoterapias tinham sido voltadas para fazer desaparecer os sintomas, embarquei nessa empreitada de guerreiro e comecei a observar o que acontecia no campo da constelação.

Em meio a esse turbilhão interior, propus que a consultante escolhesse um representante para ela e outro para o sintoma. Imediatamente, quando a representante da consultante se posicionou no campo, virou as costas para o outro representante, um homem maduro cujos punhos estavam fechados e o olhar, fixo e incisivo para as costas dela, já que a representante de Laura não conseguia olhar para ele.

Eu pensava e, simultaneamente, observava meus pensamentos: "Claro! Como olhar para esse monstro? Como uma pessoa tão fraca poderia enfrentar semelhante força?". Foi assim que, observando, eu me dava conta do meu próprio temor.

"O que meus colegas quererão de mim?" – eu me perguntava, sentindo os trinta pares de olhos nas minhas costas e no peito, assim como de cada lado dos meus braços. Mesmo a professora, com um olhar tranquilo e contemplativo, também se transformou em parte do corpo daquele monstro formado por cada integrante do grupo e do representante do sintoma. Agora poderia dizer que, perante a beleza e a inocência que envolviam a consultante, me coloquei no meu padrão de "salvador" contra o nefasto "mal" que amedronta e faz sofrer as vítimas indefesas.

Naquele instante, porém, parei. Algo em mim me dizia que eu não tinha que atuar ainda, que não tinha que desembainhar espada alguma, que tinha de aguardar, que o tremor que eu sentia era interno e, creio, ninguém podia observá-lo. Eu mesmo comecei a respirar fundo e me dei conta de que, se Laura se sentia acossada por um monstro, eu, assim como ela, também.

Tive, então, uma intuição: pensei que eu estava sentindo o mesmo que ela. Empatia?* Contratransferência? Na psicanálise segundo Freud, o fenômeno da contratransferência é o que o terapeuta sente em relação ao seu consultante. Esse passado como psicanalista me deu um insight** e, apesar de no âmbito das constelações esse termo não ser utilizado, minha experiência veio para me trazer luz ao campo da constelação.

Imediatamente tive outra intuição: o próprio campo sistêmico estava reverberando um padrão de vítima/perpetrador, que também estava passando por mim. É importante fazer empatia e sentir o campo, mas também se dissociar da situação e dar um passo para trás. Literalmente, dei dois... dois passos para trás, aguardei e percebi que eu também tinha de me acalmar.

---

* Capacidade de sentir os sentimentos do outro.
** Insight: clareza súbita na mente, no intelecto de um indivíduo; iluminação, estalo, luz.

Respirei fundo e, então, me acalmei. Depois de um breve silêncio da minha mente – centro vazio – veio a intuição de sugerir para a representante que olhasse para o sintoma. Claro que minha atitude não tinha nada a ver com o que tinha aprendido até então sobre constelações sistêmicas; mas senti que era algo orgânico, isto é, que vinha de uma força maior.

Hoje, com o conhecimento que adquiri, posso dizer que o campo me guiou a sugerir isso, quem sabe, contra o que eu pensava que tinha de fazer em um movimento de constelação. Quando pedi que eles se olhassem, acho que senti mil olhares; mas já não eram só os olhares dos colegas e da professora.

Senti que meu superego estava potencializado de olhares, até do próprio criador das constelações, Bert Hellinger, e de todos os que tinham chegado até ali: "oh, não se pode mudar uma posição no campo, tem de deixar os representantes livres, com movimentos espontâneos".

Aqui, então, a espada não foi para lutar contra o monstro que ameaçava a donzela. De minha intuição surgiu a espada com que se podia cortar, do meu próprio interior, os laços que dizem o que deve e o que não deve ser feito; e numa só tacada, consegui atravessar essa teia histórica e promover uma mudança para que ambos se olhassem.

Todos ficaram na expectativa; eu, em primeiro lugar. Segui, entretanto, minha intuição e dei aquele passo. Os representantes da consultante e do sintoma, então, se olharam. Naquele momento, fui um pouco mais longe ainda; falei para ela começar a dizer: "sim".

Depois de eu ter observado a aliança com a paciente-consultante, minha atitude de salvador mítico da donzela, enfim, depois de eu ter incluído todo esse cenário fantasmagórico da minha própria sombra e a sombra do sistema da consultante, me entreguei ao meu centro vazio.

Eu não sabia que sabia. Entretanto, depois de dar dois passos para trás, eu soube que eles deveriam se olhar, e que ela precisava começar a dizer "sim". Magicamente, observei que a curvatura da coluna da representante começava a se erguer. O representante do sintoma, por sua vez, não contraía mais os punhos; seu olhar deixava de ser incisivo e demonstrava alívio e acolhimento.

Percebi na representante da Laura o renascer de um brilho até então escondido atrás dos seus olhos.

Comecei a compreender como a força, que estava dissociada (sombra-luz*), começava a se associar.

Em cada "sim" que a representante de Laura expressava, seu corpo se erguia e começava a ser tomado pela "força" da alma. Assim, lentamente ela foi se aproximando do sintoma.

A imagem do início – aparentemente, uma luta – começou a se transformar em um reencontro. O sintoma também deu passos adiante, na direção da representante de Laura. Até que, em certo momento, eles se deram as mãos e os olhares ficaram fixos como se a mulher tivesse encontrado um amor que tinha perdido. E o homem estava alegre de ter sido incluído.

Então, eu mesmo comecei a soltar minha espada. Já não precisava mais dela, porque meu monstro estava diluído; e o dela já não era mais um monstro, mas uma força que ela reencontrava.

Naquele momento, ressignificou-se todo o meu caudal de pensamentos. Rapidamente compreendi que o sintoma, se excluído, pode transformar-se em um monstro; mas, se acolhido, pode ser a força que falta para seguir adiante; tal qual como acontece nos contos de fada, em que a donzela só terá para si o seu príncipe encantado se, antes, beijar o repugnante sapo com verdadeiro amor.

---

* Segundo o analista junguiano Edward C. Whitmont, "sombra" é tudo aquilo que foi reprimido durante o desenvolvimento da personalidade, por não se adequar ao ideal de ego. O lado "luz", ao contrário, é tudo a que o ego aspira ser.

De minha parte, deixei de ser o príncipe salvador para ocupar meu lugar em um campo de reencontros: a representante de Laura reencontrou sua força; e eu reencontrei a minha, de facilitador.

Nós dois passamos pelas trevas, pela tempestade, pela fantasia de querer lutar ou fugir; não obstante, permanecemos: graças a uma força maior que nos animava, a força do campo sistêmico.

Quando esse encontro quase amoroso entres os dois representantes se deu, intuí de propor ao representante do sintoma que dissesse as seguintes palavras: "Eu sou parte da sua força". Assim que ele as repetiu, a representante da consultante, por si própria disse "sim", sem que eu tivesse de pedir.

Ela mesma sentia isso como uma verdade, sabia que estava reencontrando sua própria força. Não estava mais deixando de olhar aquilo; ao contrário, integrava-o.

– Só estou aqui para mostrar algo que você tem que ver – falou o representante do sintoma, sem que eu nada lhe pedisse. Em seguida, ergueu uma das mãos e a apontou numa direção.

Naquele instante, entendi que o sintoma era só um mensageiro, uma força que queria ser recuperada para conduzir a consultante a ver algo que ela, como porta-voz do seu sistema familiar, tinha que incluir e integrar. Esse algo era um evento significativo relacionado a sua família de origem.

Quando Laura se reuniu com seu sintoma, o sistema familiar que estava fragmentado de uma parte da sua história, ganhou a força necessária para ver e integrar um padrão de exclusão que tinha feito sofrer a muitos, por gerações. Laura tinha tomado uma iniciativa por ela e para todos, vivos e falecidos.

Não vou seguir relatando a continuidade da constelação, mas posso dizer que a observação ganhou lugar, me levou a ressignificar meus con-

ceitos e minha postura, minha posição perante a situação da consultante e do campo.

Quando deixei de observar e entrei no meu mundo de fantasia, quis ser aquele príncipe cavaleiro, que colocaria a donzela no cavalo e fugiria dali. Eu queria fugir com ela da situação que não sabia resolver.

Entendo que aquele sentimento era também o que o sistema familiar de Laura, por um lado, queria perpetuar: a força do padecimento e da resistência em recuperar as Ordens do Amor.

Mas, quando fui tomado pela observação que o campo me conduzia a perceber, senti que havia algo a reunir entre os dois representantes, o da consultante e o do sintoma, que depois conseguiu reconciliar vítimas e perpetradores, por várias gerações anteriores.

Observei no olhar deles que, quando foi propiciada uma mudança de posição da representante de Laura, imediatamente o representante do sintoma mudou de posição, como se duas moléculas pudessem se atrair simplesmente pela mudança da posição espacial.

Meu erro desvanecido fez com que aquele príncipe imaginário desse lugar ao facilitador do campo sistêmico, guiado por uma força maior. Perguntava-me: por que um sintoma tão forte, por que essa ânsia de rejeição de algo, por que nela, tão fraca e vulnerável?

Depois, com os anos, elaborei que o sintoma às vezes acontece num membro da família que é, paradoxalmente, o mais forte. É aquele que pode suportar uma doença e que, quando consegue olhar com os olhos bem abertos, é capaz de mostrar algo para ela e para todo o seu sistema familiar.

Foi assim que, depois de um tempo, soube que a jovem da nossa história não teve mais aquele sintoma. Não precisava levá-lo consigo, pois ele, o sintoma, já tinha cumprido a sua função. Aprendi que aquilo que

observamos dissociado nos faz guerrear e tomar partido e aquilo que ob-
servamos reunido, e com um sentido maior, nos dá força para prosseguir.

Neutralidade e autoconsciência são possíveis quando vamos
além da interferência da mente concreta (nossas crenças e juízos) e
nos mantemos no centro vazio. Fora dele, a observação pode se tornar
julgamento e o facilitador, um juiz.

Portanto observar é só observar. E é também a arte de apurar os
sentidos. Ver e ouvir atentamente o entorno, a si mesmo, uma paisagem, um animal, uma música, uma pintura, uma queixa... um campo
sistêmico.

Observemos, agora, o relato abaixo, em que o facilitador deixa
de observar o que realmente importa; não recorre ao centro vazio,
mas às próprias emoções. Quando isso acontece, ele pode tomar partido e se emaranhar no sistema do consultante, em vez de compreender
as dinâmicas ocultas que estão por trás de uma situação e chegar a
uma imagem de solução.

❖ Relato de Constelação – Emaranhar-se

Certa vez, uma jovem muito angustiada se dirigiu a um facilitador
de constelações familiares. Não tinha 16 anos completos e se sentia inca-
paz de viver plenamente e de se relacionar com as pessoas.

O homem de meia idade a olhou nos olhos, perguntando, primei-
ramente a si mesmo, o que teria desencadeado aqueles sentimentos. Um
leque de possibilidades havia se desenhado na mente dele, levando-o de
uma hipótese a outra.

A jovem então revelou ter sido, durante anos, abusada moral e sexualmente pelo pai. O facilitador, apesar de sua experiência, parecia tomado de surpresa. "Como ele foi capaz...?", pensou diante da figura fragilizada da menina.

Sem se dar conta, nascia-lhe na alma a obrigação de salvá-la. Num ímpeto, levantou-se e pediu que ela posicionasse os representantes.

O facilitador observou que a postura corporal do representante do pai – lábios cerrados, punhos fechados, olhar fixo na filha – expressava um misto de raiva e desejo. Mas se esqueceu de observar a própria postura, a do constelador.

Com a sombra dos julgamentos concorrendo com a necessária neutralidade, o facilitador caminhou lenta e penosamente para uma possibilidade de solução; entretanto, nem ele, nem a consultante pareciam satisfeitos com os resultados. Ela, sem entender por quê. Ele, sim, deu-se conta de que tinha se deixado emaranhar nos fios daquele sistema.

Mas já era tarde demais.

Sabemos que não é possível eliminar as crenças que aparecem em nós no momento da observação, mas, se estivermos conscientes, poderemos escolher olhar ou não através de seu filtro.

Se não estivermos conscientes dessas crenças, então elas irão condicionar nossa observação e nossos atos. Em um nível mais profundo, observar é exercitar um "coração extraordinariamente flexível".

Assim, desenvolvemos a capacidade de perceber não uma realidade, mas as diversas realidades que podem existir quando nos colocamos em diferentes perspectivas de observação, pois temos mais flexibilidade para tomar consciência do que nos é apresentado.

*É preciso ouvir o inaudível no coração das pessoas,
seus sentimentos mudos, os medos
não confessados e os gritos silenciosos.*

*O sucesso de uma constelação começa quando
o constelador consegue incluir todos os
integrantes do sistema familiar no seu coração.*

Revelações do corpo

*"Quando a gente abre os olhos, abrem-se as janelas do
corpo, e o mundo aparece refletido dentro da gente."*

(Rubem Alves)

As manifestações corporais do consultante, dos representantes e do constelador revelam partes importantes das informações do campo, especialmente nas constelações multidimensionais, também chamadas por Bert Hellinger de movimentos do espírito, em que quase nenhuma palavra precisa ser dita. Afinal, os gestos e as atitudes são também uma linguagem. Eles falam mais alto que as palavras e viabilizam a interação entre os representantes.

Para nos colocarmos em uma atitude de observação durante a constelação sistêmica, usamos basicamente dois sentidos: o da visão e o da audição. São eles que vão nos possibilitar conhecer as informações do campo, transmitidas por meio das atitudes, dos gestos, do tom das palavras e da postura que o consultante e os representantes estão manifestando.

Essa é uma leitura corporal que passa pelo senso comum, isto é, que dispensa interpretações pessoais para ser compreendida. O facilitador pode observar que alguém mantém o olhar fixo no chão, assim como qualquer outra pessoa poderia observar o mesmo comportamento.

O que observar no consultante

No momento da entrevista, devemos estar atentos para o fato de o consultante estar aberto ou não para receber a constelação. Como saber? Observando os sinais corporais. O constelador, ao mesmo tempo em que escuta a questão do constelado, deve abrir os olhos para *escutar* também o que o corpo dele diz.

Consultante receptivo:

✓ Olha nos olhos;
✓ Seu corpo está direcionado para o facilitador;
✓ Braços e pernas estão descruzados;
✓ Os músculos estão relaxados;
✓ O peito está aberto;
✓ Faz poucos movimentos;
✓ Fala pausadamente e pouco;
✓ Tem coerência e organização das ideias na formulação do tema.

Consultante não receptivo:

✓ Dispersa o olhar;

✓ Posiciona o corpo em outra direção, que não a do facilitador;
✓ Cruza braços e/ou pernas;
✓ Mantém os músculos tensos;
✓ Esconde o peito;
✓ Gesticula;
✓ Chora e/ou ri aparentemente sem motivo ou controle;
✓ Fala rápido e muito;
✓ É incoerente ou demonstra desagregação ou desorganização das ideias na formulação do tema.

Mesmo depois de a constelação ter início, devemos continuar observando a linguagem corporal do consultante nos seguintes aspectos:

✓ Os olhos estão bem abertos, semifechados ou fechados?
✓ Como estão posicionados seus braços, pernas, costas e peito?
✓ Ele procura uma posição para acompanhar de perto a constelação?
✓ Presta atenção às posturas, movimentos e falas dos representantes?

O que observar nos representantes

Os representantes também devem ser atentamente observados. Por meio da postura e da atitude, podemos deduzir suas emoções antes mesmo de fazer qualquer pergunta; porém é uma boa prática perguntar como eles estão, o que está se passando dentro deles.

É preciso observar principalmente:

✓ Postura corporal: como é a posição dos braços, das pernas, dos punhos, do peito e da coluna?

✓ Como está a respiração: é tranquila ou agitada? Movimenta o abdômen ao respirar ou só o peito?

✓ Atitude: movimentam-se? Como? Estão quietos?

Facilitador e a auto-observação

O constelador é parte do campo. Por isso, tal como faz com o consultante e com os representantes, deve observar seu próprio corpo nos seguintes aspectos:

✓ Estou "plantado" no chão?

✓ Estou curvado?

✓ Aperto a mandíbula?

✓ Meu coração está acelerado?

✓ Estou dando as costas ao consultante ou constantemente o observando?

✓ Consigo observar a constelação como um todo ou só fragmentos do que se apresenta?

✓ Minha respiração está superficial, agitada ou profunda e tranquila?

✓ Meus pensamentos estão acelerados por possíveis hipóteses do que está acontecendo na constelação? Ou estão registrando os dados que eu observo, com calma e tranquilidade?

✓ Minhas emoções e sentimentos: estou consciente do que estou sentindo a cada momento da constelação?

Observação ou projeção?

"Não se animar com o elogio, não sofrer com a crítica, mas conhecer plenamente suas virtudes ou suas forças são as características da excelência."

(Sakya Pandita)

O constelador pode sentir que há raiva no campo e, simultaneamente, observar que os representantes estão com os punhos fechados, olhando-se numa atitude de desafio e competitividade.

Essa observação fenomênica fundamenta a percepção, mas, se os representantes estiverem num estado de tranquilidade, olhando com calma, e, mesmo assim, o constelador sentir agressividade, pode ser que isso seja uma projeção[*] de seu próprio sentimento, isto é, ele não ter indícios reais para fundamentar a hipótese de uma percepção subjetiva.

Observar como os próprios pensamentos, sentimentos e sensações surgem, como eles passam pela nossa consciência, é uma habilidade indispensável para fortalecer a atitude do constelador; assim, não ficamos emaranhados neles. Observamos, acolhemos, incluímos e os deixamos ir.

Logo, observar é recolher dados, **nunca interpretações.** Uma coisa é perguntar ao representante o que lhe acontece por dentro e ter

---

[*] Projeção, em psicologia, é um mecanismo de defesa no qual os atributos próprios, sejam pensamentos inaceitáveis ou indesejados, sejam emoções de qualquer espécie, são atribuídos a outra(s) pessoa(s).

como resposta, por exemplo: "Estou com raiva". Outra é perguntar por que ele acha que está se sentindo assim. Essa pergunta não é pertinente, porque estimula a formulação de interpretações. Ele poderia dizer, por exemplo: "Estou com raiva porque minha mãe não me olha". Claro que um representante pode comunicar que não se sente olhado pela mãe. Aí caberá ao constelador o que fazer com essa observação, mas nunca tomar como definitiva ou absoluta a interpretação do representante.

Observar é estar atento no aqui e agora

Não há outro tempo a não ser o deste exato momento. Para captar o que está em constante movimento nas dinâmicas das constelações, necessitamos de uma observação ativa. Se exercitarmos a observação a partir do filtro das nossas crenças limitantes, deixaremos de acompanhar a velocidade do que está em permanente transformação.

Nesse sentido, o desenvolvimento da atenção é essencial para termos uma boa observação. Nossa cultura atual favorece a deterioração da atenção. Há muitas hipóteses para isso; uma delas é a de estarmos superestimulados pela mídia (internet, celular, TV etc.), o que acaba dificultando concluir a leitura de um livro ou se concentrar em conteúdos mais complexos e extensos.

Os estímulos que não são devidamente processados e ficam de alguma forma ressonando são uma das causas do déficit de atenção que se observa no mundo contemporâneo; não só nas crianças, mas em pessoas de todas as idades.

Olhe por alguns minutos a imagem como um todo. Em seguida, foque apenas em um dos pontos pretos. O que acontece? Quando colocamos nossa atenção em uma coisa por vez, a mente se aquieta. Quando estamos em mil coisas ao mesmo tempo, gastamos e desperdiçamos energia. Então, a "máquina" começa a falhar e aumentam-se os níveis de estresse e de ansiedade.

Ao direcionarmos nossa consciência para um estado de concentração mental, é como se colocássemos uma lupa, um microscópio sobre uma situação. Essa atenção – que, quanto menos tensa, mais aguçada – caracteriza-se por organizar, selecionar, filtrar informações que não tenham a ver com o objeto de estudo da observação.

Estado de fluxo do facilitador

Se sentimos prazer pelo que estamos fazendo, o tempo voa e ficamos plenamente atentos e concentrados na atividade que nos ocupa, estamos em um estado de *fluxo*, perdemos a noção de tempo e espaço, economizamos energia, fazemos o que precisa ser feito com mínimo esforço e máxima eficácia.

Esse é o estado ideal para facilitar uma constelação, ele permite que o nível espiritual opere em nós e, assim, consigamos captar as informações do campo sistêmico.

Ao estarmos em fluxo, concordando com tudo o que se apresenta, tal como é, estamos fazendo novas conexões internas entre pensamentos e sentimentos, propiciando um campo de reconexões dentro de nós. O estado de *fluxo* propicia que a consciência sistêmica conduza as reconfigurações necessárias. Assim, as Ordens do Amor podem desemaranhar o sofrimento do sistema do consultante. Quando integramos o que estava desintegrado e reordenamos o que estava desordenado, atua aquele princípio milenar: como é acima, é abaixo; como é na parte, é no todo; como é dentro, é fora.

Não há como mergulhar na profundidade do campo sistêmico, se não mergulharmos no fluxo da nossa própria profundidade.

O facilitador que já parte de uma observação fragmentada (instalando sua percepção na sua mente concreta, habitat dos seus julgamentos, preconceitos e crenças limitantes) corre o risco de, inconscientemente, tomar partido de um ou de outro representante, assim como atuar em função das ideias que quer impor ao sistema com o qual está trabalhando.

Geralmente, o consultante chega à constelação com algum nível de falta de aceitação do seu sofrimento. Afinal, ver o que "é" dói.

Se o constelador também não exercitar constantemente a aceitação de si mesmo, como poderá ajudar?

Aceitar o que "é" é o primeiro passo para reconfigurar o sistema familiar. A compreensão só é possível quando não há julgamento e condenação. É preciso incluir tudo, até a própria ideia de aversão àquilo que observamos.

▶ Prática: meditação – Concentração em um objeto

✓ Primeiro, escolha um objeto simples sobre o qual meditar (uma moeda, um copo, uma flor etc.). Evite objetos muito complexos ou abstratos;

✓ Imagine o estado de ânimo com que você irá permanecer durante todo o exercício, antes mesmo de iniciá-lo;

✓ Depois, sente-se em um local silencioso, onde você não seja incomodado durante 15 minutos;

✓ Faça um combinado com você mesmo: "vou fixar minha mente sobre este objeto e, no tempo proposto, só manterei minha atenção nele";

✓ Então, feche os olhos e comece a pensar no objeto escolhido;

✓ Observe o que o aproxima ou o diferencia de outros da mesma natureza: tamanho, cor, textura, peso, forma, costumes; se for um animal, por exemplo, qual tipo de alimentação, local onde vive. (Ex.: vaca e gato são animais, mamíferos, quadrúpedes, mas vacas são ruminantes; os gatos, carnívoros etc.);

✓ Não se sinta satisfeito até conseguir extrair o máximo de pensamentos possíveis sobre o objeto escolhido;

✓ Quando perceber que está pensando em outra coisa, volte a se concentrar no mesmo objeto;

✓ Você perceberá que a mente fica inquieta e disposta a abandonar a concentração, observe sua dispersão e volte a se concentrar no objeto;

✓ Repita o exercício por nove dias, trocando o objeto a cada três dias.

Capítulo V
Perceber

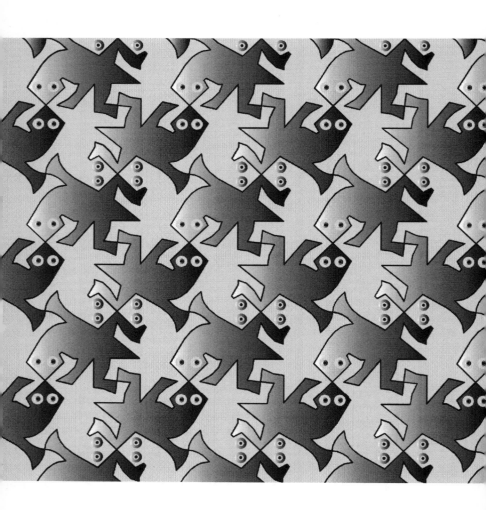

"(...) o vale só é vale por causa da montanha, cuja altura e distância só podem ser avaliadas porque há o céu, as árvores, um rio e um caminho; o verde do vale só pode ser percebido por contraste com o cinza ou o dourado da montanha; o azul do céu só pode ser percebido por causa do verde da vegetação e do marrom da terra; essa paisagem será um espetáculo de contemplação se o sujeito da percepção estiver repousado, mas será um objeto digno de ser visto por outros se o sujeito da percepção for um pintor, ou será um obstáculo, se o sujeito da percepção for um viajante que descobre que precisa ultrapassar a montanha. Em resumo: na percepção, o mundo possui forma e sentido e ambos são inseparáveis do sujeito da percepção (...).**"**

(Marilena Chaui)

No capítulo anterior, exploramos aspectos do ato de observar. Dissemos, por exemplo, que observar é descrever alguma coisa tal como ela é. Se duas pessoas observarem uma mesma garrafa, concordarão que se trata de um objeto de determinada cor, tamanho, formato, material, conteúdo etc.

No campo da percepção, a observação continua presente, mas vai além dos estímulos que vêm de fora, pois entra mais profundamente no terreno da subjetividade, da interpretação do que está sendo visto ou vivenciando. Logo, o conceito de percepção é mais amplo e complexo.

Dentro do contexto que interessa ao profissional de constelações sistêmicas, podemos definir percepção como a capacidade de processar, selecionar e organizar as informações obtidas especialmente pelos sentidos, segundo o modelo de mundo de cada pessoa.

Para entender isso melhor, podemos imaginar que cada um tem óculos através dos quais a realidade é vista segundo as lentes de sua cultura, família, valores e experiências de vida. Então, praticar a percepção é também expandir a consciência, pois exige que o facilitador a amplie, que faça uma dedicada observação do seu próprio movimento mental e emocional, já que ele precisará ver o mundo não só através de suas lentes, mas também das de seus consultantes.

Voltemos à garrafa da qual falamos no primeiro parágrafo. Lembro-me de quando levava minha garrafinha na escola primária e observá-la me traz a sensação de alegria e nostalgia, simultaneamente. Já para outra pessoa que também a observa, o objeto pode lembrar o avô paterno, alcoólatra, que bebia em um recipiente parecido e causava muitas brigas em casa.

Cada um desses exemplos mostra que, sob o prisma da percepção, um mesmo objeto pode remeter a diferentes emoções, pois ele passará pelo filtro da memória, da história pessoal e das crenças culturais e familiares.

"Por meu campo perceptivo, com seus horizontes espaciais, estou presente em meu meio, coexistindo com todas as outras paisagens que se estendem além, e todas essas perspectivas formam juntas uma única onda temporal, um instante no mundo."

(Merleau-Ponty)

❖ Relato de Constelação – O olhar

Estamos participando de uma constelação familiar. No centro, vários representantes vivenciam a dinâmica do relacionamento de casal entre um homem e uma mulher.

Do lugar em que eu, como constelador, estou sentado, observo que a representante da esposa está olhando para baixo, parece abatida e sua coluna está sendo puxada para algo que ela vê no chão.

A mesma imagem também é compartilhada pela pessoa ao meu lado: a representante olhando para o chão, curvada. Colocando-me no campo da representante, sinto nostalgia e um instante de alegria por querer ir na direção do chão, como se estivesse indo ao reencontro de um grande amor.

Acho, segundo minha percepção subjetiva, que este é também o sentimento da representante, como que se abandonando àquilo que a atrai no chão.

Ao mesmo tempo, a pessoa que está ao meu lado nota que a representante está olhando para o chão, mas, segundo sua percepção, ela sente só tristeza.

Temos aqui duas interpretações diferentes para uma mesma situação. Como saber qual é a correta? Só a percepção mais apurada poderia responder.

Por essa razão, um dos exercícios básicos que o futuro facilitador de constelações deve fazer é treinar sua percepção, especialmente a sutil, aquela que não entra pelos olhos físicos e que está além do aparente.

Com a observação, percebemos a aparência; com a percepção, podemos chegar à essência.

No livro *ABC da Literatura*, o poeta Ezra Pound narra um interessante acontecimento entre um estudante e seu professor, o naturalista suíço Louis Agassiz, que nos ajuda a expandir essa ideia.

◆ Agassiz e o peixe

Um estudante de curso de pós-graduação, coberto de honrarias e diplomas, dirigiu-se a Agassiz para receber os ótimos e últimos retoques. O grande naturalista tomou um peixinho e pediu-lhe que o descrevesse.

Estudante: – Mas este é apenas um peixe-lua.

Agassiz: – Eu sei disso. Faça uma descrição dele por escrito.

Depois de alguns minutos o estudante voltou com a descrição do Ichtus Heliodiplodokus ou outro termo qualquer, desses usados para sonegar do conhecimento geral o vulgar peixe-lua: da família dos Hellichtherinkus etc., como se encontra nos manuais sobre o assunto.

Agassiz pediu ao estudante que descrevesse de novo o peixe.

O estudante perpetrou um ensaio de quatro páginas. Agassiz então lhe disse que olhasse para o peixe. No fim de três semanas o peixe se encontrava em adiantado estado de decomposição, mas o estudante sabia alguma coisa a seu respeito.

(Tradução de Augusto de Campos e José Paulo Paes)

O pronome "seu", no final da história, usado propositalmente de forma ambígua, nos coloca uma questão: a respeito de quem o estudante sabia alguma coisa? Do peixe ou de si mesmo? Ou de ambos? Também nós, como facilitadores, podemos nos inspirar nessas perguntas.

Como estudantes de constelações ou facilitadores de processos sistêmicos, a respeito de quem sabemos alguma coisa? Do campo sistêmico do consultante? Do nosso? Ou de ambos? O que você acha?

Observar e perceber são os primeiros passos para apreender as múltiplas realidades. Quais seriam elas? As realidades do campo multidimensional, no qual estão incluídos os campos do sistema do consultante e o nosso, como facilitadores.

❖ Relato de Constelação – Crise no casamento

Em um de nossos workshops de constelações sistêmicas, um homem manifestou o desejo de constelar o casamento, que atravessava uma crise. Vou relatar apenas os pontos essenciais e que nos interessam no contexto da percepção.

Pedi para ele escolher dois representantes: um para a esposa, outro para ele mesmo. A constelação começa com ambos se movimentando. A representante da mulher se distancia aos poucos do homem e, finalmente, se deita no chão.

O representante do marido tenta se aproximar dela, chega mais perto; quer ajudá-la a se levantar, mas não consegue... Ele toma certa distância; ela continua no chão, sem conseguir olhar para ele.

Para mim, esta é a imagem do problema: o marido quer ajudar a esposa, mas fica impotente. Eu, que não conhecia a mulher, pergunto ao consultante se ela tem passado por momentos depressivos. Ele confirma.

Então observo que uma dinâmica complexa está no sistema da mulher. E, como constelador, tenho um dilema: devo continuar a constelação, uma vez que a mulher não está presente, mas, ainda assim, faz parte do sistema do consultante?

Digo para ele: "não sei se tenho o direito de continuar essa constelação".

Sugiro pararmos um pouco aqui para propor uma reflexão:

Estamos tratando do tema "percepção". Observei o movimento dos representantes, as atitudes e os gestos. Vi que a representante da esposa estava emaranhada. E que o representante do consultante olhava esse quadro com muita pena. Quando falo "pena", refiro-me ao que eu percebi e ao que confirmei com ele.

Eu me indagava e observava. Havia um impasse; em meu interior, debatiam-se vários aspectos meus também: o constelador correto, que quer dar os passos certos, que quer trabalhar nas Ordens da Ajuda[*] de forma assertiva, que não quer dar mais nem menos do que se está pedindo.

Por outro lado, o ser humano que sou, de alguma forma, no meu mundo subjetivo, estava querendo que a mulher ficasse em pé e tomasse sua força. Abstive-me de atuar. Era o momento para se fazer a seguinte pergunta: o que o campo me diz?

A cena estava montada, e a resolução estava nas mãos de quem? Quem tinha o poder de decidir como continuar? Aprendi, ao longo de muitos anos como constelador, que não poderia estar em minhas mãos, no meu desejo egoico, e reconhecia esse desejo influenciando o campo observado. O que fazer então? Deixar esse barco à deriva?

O problema tinha que se resolver em um nível vertical; eu sabia que necessitava elevar minha percepção para ver o que o campo solicitava de mim.

Então, minha percepção (consciência) se elevou e tive a intuição de dizer:

– *Não sei se tenho autorização para seguir.*

Coloquei o problema no campo, indaguei o consultante e comecei novamente a observar para ver o que acontecia.

Minha intervenção não foi atuar em um sentido ou em outro, mas simplesmente trazer o dilema ao campo. Abri o jogo e queria ver o que o

---

[*] Princípios básicos sobre a postura adequada do constelador, formulados por Bert Hellinger.

campo poderia responder. Reconheci minha dualidade de percepção e a levei a um plano mais sutil.

Permeado pelo centro vazio, tomei a decisão de simplesmente nomear o dilema. E o que aconteceu? O representante do marido, que nem me olhava, que estava me dando as costas, levantou a mão, querendo falar. Perguntei: "o que é?" Ele disse: "não gostei de ter ouvido isso". Naquele momento, o consultante começou a chorar. Então, senti que o próprio campo se movimentou, me autorizando a dar continuidade.

Quando me aproximei da representante da esposa, senti que o tema era complexo, envolvia muitas gerações e emaranhamentos. Por isso, abri o que denominamos constelação multidimensional*. Deixei que alguns representantes se aproximassem, e a constelação começou a fluir de forma intensa e profunda para um caminho de solução.

A constelação começa no coração do constelador.

Desenvolvendo a percepção

Pontos essenciais para desenvolver uma postura perceptiva:

✓ **Atenção** – tanto no campo das constelações como no dia a dia, é preciso ter serenidade suficiente para deixar entrar tudo que acontece, sem reagir. Simplesmente processar o que vem tanto dos cinco sentidos como das palavras ditas, dos silêncios e dos olhares. Esse estado é conquistado com a prática sistemática da meditação.

* Novas constelações familiares ou constelação do espírito.

✓ **Observação** – a observação seletiva e atenta ajuda a desenvolver uma boa percepção (ver capítulo "Observação").

✓ **Autopercepção** – perceber os estados anímicos pelos quais vamos transitando. A pergunta a nos fazer é: "o que estou sentindo neste momento"?

✓ **Percepção de campo** – é muito importante, além de observar, perceber os estados anímicos que se apresentam no campo: quais são os sentimentos do consultante, do constelador e dos representantes?

✓ **Filtrar as próprias crenças** – saber filtrar o que vem do mundo interno: crenças limitantes, pressupostos, preconceitos e desejos pessoais de como tem que ser o movimento da constelação.

✓ **Percepção de padrões** – estar atento aos padrões que se reiteram em uma dinâmica oculta dentro de uma família.

✓ **Aceitação** – não estamos tratando de mudar a mente da família e de seus integrantes. Ao contrário, precisamos acolher, aceitar, reconhecê-la como parte da vida, deixar que o nosso coração se expanda ao incluir cada informação que aparece: de um excluído, um insulto, um elogio, um olhar de amor ou de ódio, bem ou mal-intencionado; compreender a origem daquele grito, daquele silêncio.

Sentimentos primários e secundários nas constelações —

"Estes sentimentos [raiva, ódio, medo] são apenas uma força aparente. Os sentimentos decisivos são a dor e o amor.

Em vez de encarar a dor, talvez a pessoa fique com raiva (...). Numa sessão, o paciente lembra que apanhava do pai e fica com raiva. Ele fica com raiva para não sentir a dor. Se sente raiva, não pode sentir dor. Mas se ele disser: 'isso realmente me doeu', ele passará a outro nível muito mais introspectivo e forte. Penetrará mais fundo do que se ele disser: 'você vai me pagar!'"

(Bert Hellinger)

Precisamos detectar o essencial e filtrar o aleatório. **Sentimentos secundários** são aqueles que podem estar em ressonância com os sentimentos experienciados nas dinâmicas de emaranhamento familiar, como ódio, raiva, ciúme, medos, rancor, ressentimento etc.

São todos os *jogos* que se dão entre as pessoas de uma família, os sentimentos e as emoções que mantêm os padrões familiares de reiteração e repetição que vêm, às vezes, por gerações.

Hellinger os chamou de *secundários* porque não conduzem a um passo evolutivo, isto é, à saída do padrão. Em psicologia, poderiam se comparar com os denominados *mecanismos de defesa*, aqueles que usamos para evitar a dor do crescimento.

As dinâmicas de desemaranhamento nas constelações transitam por meio dos **sentimentos primários**, da dor de reconhecer e aceitar o que é, como um sintoma físico, um trauma emocional, uma ferida de infância, algo difícil de entrar em contato, mas que no momento da constelação é possível.

Transitar pelo sentimento primário produz uma mudança evolutiva. Por exemplo, se em uma constelação a mãe fala para filha: "eu não conseguia te ver, sinto muito" e a filha responde: "essa dor, eu a levei sozinha, desde criança", então essas falas permeadas pela dor produzem um movimento de reconciliação. A mãe completa: "sinto muito, o que é meu, deixe comigo".

Ao entrar em contato com o sentimento primário, é possível reconfigurar as Ordens do Amor. Mas, antes de chegar a esse momento, há uma série de padrões repetitivos (permeados de ódio, rancor e ressentimento) entre mãe e filha. Ao se chegar à dor, há um salto significativo e se passa a outro patamar; é o início do desemaranhamento.

Como consteladores, temos de propiciar que a constelação possa transcorrer pelo roteiro dos sentimentos primários, evitando sugerir frases que reiterem os sentimentos secundários. Afinal, a pessoa procura a constelação justamente para desemaranhar, não para manter a repetição.

❖ Relato de Constelação – Força da verdade

Duas representantes, uma mãe, outra filha, se olham. A filha busca o olhar da mãe, que até olha na direção dela, mas com olhar meio perdido, como se não estivesse olhando ou algo estivesse embaçando o caminho entre elas.

O constelador pergunta à mãe: "o que acontece?". A representante da mãe diz: "nada. Não acontece nada". Ele então pergunta à filha: "o que acontece?". A filha diz: "me sinto sozinha, com raiva, não sinto que ela me olha".

Então o constelador diz para a representante da mãe: "diga para sua filha: 'sinto muito'". E a representante da mãe, submissa e obedecendo ao constelador, repete: "sinto muito". Mas sem a força da verdade.

O facilitador pergunta à representante da filha: "o que você sente agora?". Ela responde: "mais raiva".

Podemos identificar nesse relato a diferença entre ser ou não ser perceptivo num campo sistêmico.

O constelador não conseguiu perceber que, se a mãe não estava olhando para sua filha, não era porque não queria, mas, sim, porque estava emaranhada com o passado, quem sabe com sua própria mãe ou pai, ancestrais; provavelmente com sua família de origem. Ele tentou agir com sua mente, que presta mais atenção aos sentimentos secundários, em vez de se aprofundar na percepção dos sentimentos primários.

Para evitar equívocos como esse, é preciso realizar um trabalho metódico de expansão da percepção. Só com um treinamento visando a essa finalidade será possível enxergar além da visão fragmentada e judicativa da mente: bom ou ruim, culpado ou inocente, vítima ou perpetrador.

Vale sempre lembrar que, na constelação, estamos propondo nos instalar em outro paradigma, em outra percepção do mundo, em que o caminho é a própria expansão da consciência. Não é só buscar a solução de um problema, mas ampliar a visão do mundo, em que possamos dizer que o problema era uma solução que ainda não estava sendo achada, porque nosso olhar estava limitado.

Estabelecer-se em si mesmo é estabelecer-se em todos os lugares

Voltemos à cachoeira na qual já mergulhamos no centro vazio. Imagine que você está contemplando-a desde sua base até o alto. Você observa as águas turvas, espumosas, e não consegue olhar além delas, que caem em alta velocidade.

À medida que as águas vão circundando entre as montanhas, as margens do rio se ampliam, e elas se acalmam. Aproximamo-nos da beira do rio e podemos olhar nossa própria imagem como num espelho e, se quisermos enxergar na profundidade, conseguimos. Fazendo uma analogia, a mente é como águas turbulentas: quanto mais estreita a consciência (a capacidade de perceber seus próprios pensamentos, sentimentos e emoções), mais protagonismo a mente ganha. Identificados com a mente, podemos gerar um estado de desequilíbrio.

Se expandirmos a consciência (autopercepção), as águas se acalmam, as ideias ficam mais claras; assim, conseguimos ampliar a percepção da realidade. Não podemos nos esquecer de que as constelações partem de uma perspectiva sistêmica. E, diante dessa perspectiva, a mente, com sua característica turbulenta, pouco pode ajudar.

Puxemos da memória o conto do sábio e do erudito, narrado no capítulo I. Quando o copo está muito cheio, não conseguimos deixar entrar o novo. É por esse motivo que devemos nos treinar para ampliar as margens da percepção do mundo interior e exterior.

Empatia

"Quando digo 'é evidente', quero acaso dizer 'só eu é que o vejo'? Quando digo 'é verdade', quero acaso dizer 'é minha opinião'? Quando digo 'ali está', quero acaso dizer 'não está ali'?"

(Fernando Pessoa)

O que é, de fato, empatia? Do ponto de vista da etimologia, a palavra vem do grego *empátheia* ("entrar no sentimento"). No campo da experiência, empatia é percebermos o sentimento do outro como se, deveras, fôssemos o outro; é uma virtude que se alimenta, primeiramente, da capacidade de estarmos abertos às nossas próprias emoções; só então, autoconscientes, seremos mais hábeis na percepção dos sentimentos dos outros.

Em seu clássico livro *Inteligência Emocional*, o psicólogo Daniel Goleman, PhD pela Universidade de Harvard, comunicou, ao recopilar uma série de pesquisas científicas, que já nascemos empáticos.

Basta ver como os bebês ficam perturbados quando ouvem outro bebê chorando. Sentem como se eles mesmos estivessem sofrendo. Só a partir de um ano de idade começam a compreender que o sofrimento não é deles. Essa separação fica mais clara aos dois anos e meio, quando a criança é capaz de diferenciar mundo externo do mundo interno.

De acordo com as pesquisas feitas nas últimas décadas, a matriz da educação de uma criança se estabelece pela empatia com seus genitores e educadores. Os bebês, por exemplo, "pegam" o estado de espírito das suas mães.

Goleman faz referência a uma pesquisa na qual se observou que bebês de três meses cujas mães eram deprimidas expressavam, por um lado, mais raiva e tristeza; por outro, muito menos curiosidade e interesse espontâneos, em comparação com bebês de mães não deprimidas.

Do mesmo modo, quando um pai deixa de demonstrar empatia por certas emoções da criança (alegria, lágrimas, necessidade de aconchego etc.), ela evita expressá-las e, talvez, senti-las. Diversas emoções podem ser apagadas do repertório da criança para as relações futuras se durante a infância esses sentimentos continuarem a ser, oculta ou abertamente, desestimulados.

Todo relacionamento bem-sucedido vem da sintonia emocional e da capacidade de empatia. Daí os "relacionamentos reparadores" serem aqueles que permitem desenvolver um repertório emocional adormecido ou pouco estimulado na infância.

Essa explanação nos leva a refletir sobre o quanto o sucesso de uma constelação também está atrelado à capacidade do constelador de estabelecer uma relação empática com o sistema do consultante. Na ausência da empatia, a percepção do campo sistêmico não acontece em sua plenitude.

As três posições perceptivas

Nas dinâmicas das constelações, podemos falar em três posições perceptivas:

✓ **Primeira**: a do constelador;
✓ **Segunda**: a do consultante e a de cada um dos representantes (para o constelador, todos estão em segunda posição);
✓ **Terceira**: a do campo como um todo.

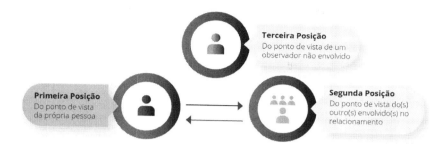

Terceira Posição
Do ponto de vista de um observador não envolvido

Primeira Posição
Do ponto de vista da própria pessoa

Segunda Posição
Do ponto de vista do(s) outro(s) envolvido(s) no relacionamento

Quando estamos na primeira posição, percebemos nós mesmos. Quando nos colocamos na segunda, percebemos todos os outros. Na terceira, percebemos o constelador (autopercepção), o constelado, os representantes, os participantes e o campo como um todo.

Necessitamos oscilar, dançar, intermitentemente, por essas três posições. É como perceber o momento em que o carro está em primeira, segunda ou terceira marcha. Temos que chegar a um ponto em que não sabemos que sabemos, ou seja, não sabemos que já estamos captando tudo simultaneamente.

Para chegar à terceira posição, o constelador necessita ampliar sua capacidade de percepção.

Empatia sistêmica

Ao entrevistarmos o consultante, antes de dar início à constelação, nossa habilidade de empatia deve se estender para além dele. Como seria a figura dos seus pais? O que sentem? E os avós? O que estariam sentindo agora? Não se trata mais de um campo individual, e, sim, familiar. Podemos denominar essa capacidade de "empatia sistêmica".

É preciso, metaforicamente falando, sentir o que se passa no tecido todo, e não só em um único fio.

Perceber nós mesmos, o consultante, os representantes e aqueles que, sem estar representados no campo, estão "presentes" de alguma maneira; essa é a prática da terceira posição. Para atingir esse patamar perceptivo, temos de colocar em prática tudo que vimos até aqui.

Esvaziar a mente para poder perceber as emoções e as informações do campo, aquelas que estão embaixo d'água: o emaranhamento sistêmico e os relacionamentos que estão fora das Ordens do Amor.

As informações que obtivemos na prática da observação e da percepção necessitam se processar no centro vazio.

Autoconsciência emocional

Qual foi a última vez que nos perguntamos: "o que estou sentindo?". Trata-se de uma pergunta simples, embora eficiente, de autoconsciência; porém a maioria de nós tem dificuldade de respondê-la. Talvez porque nos falte o hábito da auto-observação e vocabulário para nomear os próprios sentimentos e emoções. A fim de nos ajudar nesse terreno, podemos fazer uso de um diário emocional – no qual anotamos nossos estados anímicos para decifrar o que nosso corpo quer nos dizer.

Podemos nos perguntar: "o que estou sentindo" ou "como estou me sentindo"? E registrar em diferentes momentos, ou no final de cada dia, os sentimentos experimentados e aquilo que os provocou.

Diário emocional

Exemplo:

Estado Emocional	Motivo
Alívio	Por pagar as contas.
Ansiedade	A tarefa não ficar pronta a tempo.
Medo	Incerteza financeira.
Alegria	Por ter reencontrado com uma velha amiga.
Plenitude	Por acolher minha sombra.

Ao final de algumas semanas, podemos reler todas as anotações. Talvez constatemos que certas emoções são mais frequentes que outras. Por exemplo, sentimos raiva, medo, ansiedade, alegria etc.? Em quais situações? Experimentamos sempre os mesmos sentimentos, pelas mesmas razões? Nesse caso, deveríamos nos perguntar qual é o motivo da repetição dessas emoções.

Em linhas gerais, há muitas emoções que nos perpassam no decorrer do dia, por diferentes motivos. A sugestão que estou lhe dando é de ir construindo um "mapa" ou diário emocional, para reconhecer por quais emoções você transita com mais frequência e quais gostaria de ter, mas não está sentindo.

Hoje, a tecnologia oferece até de forma gratuita aplicativos que possibilitam "clicar" em um estado emocional e obter registros gráficos de nosso dia, semana, mês...

Importância da consciência corporal

Para desenvolver tanto a autopercepção quanto a percepção do que acontece em nosso entorno, necessitamos aprimorar nossa consciência corporal. Ela é a capacidade que possuímos de conhecer nosso próprio corpo, como ele funciona: suas limitações e possibilidades físicas, tanto interna (sinais que o organismo emite) como externamente (estímulos que vêm de fora, por meio dos sentidos).

Como sabemos o que estamos sentindo?
Porque o sentimos no corpo.

Se não treinarmos nossa percepção corporal, se pensarmos que nosso corpo é um simples veículo para transladarmos de um lado para outro, ou uma espécie de "máquina" da qual temos que cuidar para estar bem de saúde, ainda estaremos dissociados, não só de nosso corpo, mas também de nós mesmos.

Corporeidade

"A perda da autopercepção natural divide nitidamente a pessoa em duas entidades opostas e contraditórias: o corpo 'aqui' é incompatível com a alma ou o espírito 'lá'."

(Wilhelm Reich)

Nossa civilização ocidental tem fragmentado mente e corpo, como se fossem entidades separadas. Na visão sistêmica fenomenológica, entretanto, necessitamos desfazer essa fragmentação e superar a dicotomia entre um e outro.

Corpo e mente se revelam de forma unitária e integrada. Não temos um corpo: somos um corpo. Nesta existência, o corpo é nosso *ethos*, ou seja, um conjunto de costumes e hábitos fundamentais no âmbito do comportamento e da cultura (valores, ideias ou crenças), característico de uma determinada coletividade, época ou região.

No corpo, estão marcadas, gravadas e formatadas nossas experiências existenciais.

"O corpo fala claramente, revelando o caráter e a maneira de a pessoa ser no mundo."

(Hector Prestera)

Muitos autores – como Wilhelm Reich, Ida Rolf, Fritz Perls, Alexander Lowen, John Pierrakos, Moshé Feldenkrais, Judith Aston, Jack Worsley, F. Matthias Alexander, Charlotte Selver, Will Schutz e Randolph Stone – afirmaram, ao longo de décadas, que o corpo não mente nem esquece.

Ele revela sentimentos expressos e ocultos, meandros e curvas da história pessoal: segredos e traumas, triunfos do passado e personalidade atual. Estão todos corporificados em ligamentos e músculos, expressos na postura, nas marcas e nos gestos.

O corpo é a personalidade manifestada e pode ser analisado com tanta segurança quanto a psique.

Segundo Goleman, ele pode também se tornar um elaborado sistema de defesas que a psique cria para se proteger das agruras da vida.

Trabalhar o corpo é, portanto, examinar a mente e diluir, de maneira mais direta e eficaz, defesas e bloqueios, possibilitando a espontaneidade existencial e o acesso livre às emoções.

O corpo é nosso referencial de identidade. Seu tom, postura, tônus, proporção, movimentos e tensões expressam nosso interior. O corpo conta coisas sobre nossa história emocional e nossos mais profundos sentimentos, nosso caráter e nossa personalidade.

A via direta para autoconsciência é a consciência corporal.

Corporeidade no campo sistêmico: não reagir, AGIR com consciência

Denominamos "sensação" o estímulo que recebemos, tanto de nosso próprio corpo como de fora.

Imaginemos que estamos conduzindo uma constelação. Um dos representantes fecha os punhos e a mandíbula e avança na direção de outro representante, com a intenção de agredi-lo. Se estivermos com a consciência corporal aguçada, imediatamente identificaremos um peso, como se fosse um "nó na boca do estômago". Até aí, registramos uma "sensação".

Dependendo de nosso treino e experiência em processar, selecionar e organizar as informações obtidas pelos sentidos, segundo nosso modelo de mundo, em milésimos de segundo podemos "perceber" (consciência emocional) que esse "nó" é medo.

Nesse momento, cabe ao constelador se observar e se perceber como parte do campo (autoconsciência, consciência corporal/emocional) e aguardar, se tranquilizar, respirar com consciência, deixar-se tomar pelo centro vazio e, novamente, esperar até que venha a intuição para "saber" o que fazer.

Se não tivermos consciência corporal, se não nos dermos conta do que está nos acontecendo, corremos o risco de reagir e atuar mental e automaticamente, segundo nossos códigos de conduta do que se deve e não se deve fazer em um caso assim. Estaríamos fora das orientações do campo (dissociados), atuando segundo nossas crenças, no plano mental.

Percebemos as informações do campo por meio de nosso corpo. Quanto mais afinada nossa consciência corporal, mais claras serão as informações recebidas.

Como desenvolver consciência corporal?

Para desenvolver consciência corporal, precisamos estar atentos aos movimentos do nosso corpo: quanto mais consciência colocarmos neles, quanto menos automáticos eles forem, mais desenvolveremos percepção de nossas ações, mais capacidade teremos de autodomínio e de administrar nossas emoções.

Assim, estaríamos também mais aptos para sentir o centro vazio e ouvir nossa intuição no campo da constelação.

▸ Prática: mergulhando na consciência corporal

✓ Respire profunda e lentamente com os olhos fechados e localize suas zonas de tensão, incômodos, dores. Utilize a respiração como elemento para desbloqueá-los e dissolvê-los;

✓ Relaxe o peso de seu corpo em suas duas pernas, mantenha o equilíbrio e alongue sua coluna vertebral. Atinja, assim, uma postura harmoniosa e equilibrada;

✓ Assuma uma postura corporal relaxada e confortável (estando sentado, lembre-se de fazê-lo sobre os ísquios). E agora reflita: como sinto, percebo e vivencio este corpo que sou eu?;

✓ Complete a frase: "Meu corpo, que sou eu, é ....";

✓ Logo depois, desenhe, de preferência com a mão não dominante, uma metáfora, um símbolo, de sua descrição anterior.

Atividade física com consciência corporal

Considero de extrema importância que o facilitador em constelações pratique algum tipo de atividade física e que o faça com consciência corporal.

Caminhar, fazer musculação, yoga, pilates; correr, dançar etc. Seja qual for o tipo, ou tipos, de atividade física que você escolher, pratique a que lhe permita colocar o corpo em movimento com assiduidade e esteja atento a suas sensações corporais. Para desenvolver consciência corporal, você deve "prestar atenção" a seus movimentos.

Amplie a percepção do seu corpo. A respiração profunda ajuda significativamente nesse processo.

Então, vá "scaneando" as diferentes partes do corpo e faça perguntas do tipo:

✓ Como estão minhas costas? Pesadas? Leves? Sinto tensão? Onde especificamente?

✓ Como sinto os ombros? A mandíbula? O abdômen?

✓ Como está a temperatura de cada parte do corpo?

✓ E meus pés? Sinto-os bem em contato com o chão ou não consigo senti-los?

✓ Como sinto a tensão, a fluidez da energia corporal etc.?

▶ Prática: meditação – Autoconsciência

Esta é uma técnica para entrar em contato com as próprias emoções, uma forma direta, via corpo, sem passar pela racionalidade, que muitas vezes distorce a consciência emocional.

✓ Identifique um problema que está preocupando você agora;

✓ Feche os olhos e respire profundamente;

✓ Pense no problema, observando como ele impacta em você. Em qual lugar do corpo está localizado?

✓ Perceba a sensação, tensão ou dor corporal;

✓ Se essa sensação tivesse uma consistência, qual seria (líquida, sólida, gasosa)?

✓ Se tivesse uma forma, como seria?

✓ Se tivesse uma cor, qual seria?

✓ Se tivesse um peso, quanto pesaria?

✓ Movimenta-se ou está quieta?

✓ Se fosse uma emoção ou sentimento, qual seria?

✓ Deixe que as respostas venham da sua intuição, como se pudessem vir do próprio corpo;

✓ Você também pode se perguntar em qual momento da sua vida nasceu essa emoção, em que situação se originou? Pode emergir alguma imagem ou memória.

Agora pergunte-se: quero continuar com essa emoção ou não? Se quiser continuar levando esse sentimento, o exercício termina por aqui.

Se não quiser, pergunte-se o quanto quer transformá-lo. Por exemplo, de 1 (nada) a 10 (máximo), o quanto você quer se "desapegar" dele? 3? 4? 8? 10? Se quiser 6 ou mais, podemos continuar; do contrário, a etapa seguinte não dará certo.

✓ No caso de você querer 6 ou mais, imagine que essa imagem/sentimento é colocada dentro de um balão colorido, que pode se elevar, até desaparecer no céu;

✓ A proposta é "soltar", se "desprender" dessa emoção e lembrança, entregá-las a uma força superior, e não seguir remoendo ideias sobre elas;

✓ Se aparecerem lembranças dessa situação com sua respectiva sensação corporal, diga SIM, o sim de aceitar que essa emoção quer retornar a você (tem de ser um SIM verdadeiro) e volte a fazer o exercício de visualizar o balão se elevando ao céu. Faça isso quantas vezes forem necessárias e se observe.

Esse é um exercício de auto-observação, de consciência emocional. É sobre aprender a nos desapegar das emoções que nos limitam. Aprender a soltar, a entregar, para que nosso nível espiritual (céu) seja o administrador de nossas emoções, e não nossos níveis mental e emocional.

Capítulo VI
Intuir

"A intuição se basta por si mesma.
Por conseguinte, tudo que se origina puramente dela, a ela permanece fiel (...).**"**

(Schopenhauer)

Estamos trafegando até aqui por possibilidades distintas de apreendermos o mundo, nós mesmos e as informações do campo multidimensional das constelações sistêmicas.

Assim como a observação vem de fora para dentro, a intuição, ao contrário, vem de dentro para fora. Apreendemos das duas maneiras: do que vem do outro e daquilo que vem de nós mesmos.

◆ O monge e o empresário

Havia uma vez e não havia uma vez...

Um empresário foi ao mosteiro pedir ajuda a um monge. Estava atordoado com os problemas da empresa e queria uma luz para os resolver. Enquanto falava, entretanto, o monge parecia manter toda a atenção em uma abelha que se debatia na janela, sem se dar conta de que, poucos centímetros ao lado, havia uma abertura no vidro.

O empresário notou o interesse do monge pelo inseto e ficou mais nervoso.

– Vim até aqui com um problema tão sério e o senhor só tem olhos para essa abelha!

O monge, então, sorriu ternamente e disse ao homem:

– Não é só dela que estou com pena...

Essa história nos permite uma série de interpretações, mas no contexto deste capítulo vamos pensar na abelha como a mente e na repetida batida no vidro como suas tentativas de encontrar as mesmas saídas por meio do que ela conhece, teme ou deseja.

Quantas vezes nós já agimos como a abelha da história? A cada constelação temos o desafio de descobrir uma nova fresta. Neste capítulo, vamos caminhar para descobrirmos a fresta do vidro, isto é, a intuição.

Conhecer as teorias das dinâmicas ocultas dos sistemas é muito importante. É fundamental também nos lembrarmos de que o campo sistêmico é soberano. É ele que mostra o que deve ser feito durante as constelações, e nós o captamos por meio da intuição.

Nas constelações sistêmicas – que, como expusemos, são um caminho, não um método –, o desenvolvimento da intuição se faz ainda mais primordial, já que ela é como um farol que ilumina esse caminho. Nela está a chave da atitude fenomenológica.

Nem instinto, nem emoção, nem pensamento. Como definia C. G. Jung, a intuição é uma função psicológica importantíssima que podemos usar para nos guiar nas mais diversas esferas da vida.

Do latim *intueri* ("ir dentro", "ver interiormente", "contemplar"), ela pode ser definida como uma experiência de percepção imediata e repentina, a captação súbita de uma informação vinda de um espaço interior em que "não sabemos que sabemos", uma forma de ouvir a própria sabedoria.

Tão subjetiva quanto o centro vazio, a intuição se distancia dele por imperceptíveis milésimos de segundo. O que ocorre primeiro? O centro vazio. Transitamos pelo centro vazio porque devemos, necessariamente, nos esvaziar de conteúdos egoicos (pensamentos e emoções básicas); enfim, desprendermo-nos de todos esses *scripts* e acessar um nível mais elevado de consciência.

Assim, é possível captar a informação mais cristalina possível, dentro de nossas limitações, e servir melhor o campo. Acessamos o centro vazio e, um átimo depois, a intuição revela o que precisamos saber e o que fazer.

Se pudéssemos escolher uma palavra-chave para a duração do processo intuitivo – que o filósofo Schopenhauer acreditava ser a forma mais pura de conhecimento da realidade – ela seria "subitamente", já que a intuição não perde tempo com mecanismos racionais da nossa mente concreta.

Pertence antes ao sensorial, às imagens e aos símbolos do que ao pensamento, ela capta informações da mente abstrata. Vem em lampejos, flashes; não procede de uma análise. É a captação que vem da profundidade, como se fosse um peixe que está no fundo das águas e, de repente, salta na superfície com a "mensagem".

Outra definição que se dá à intuição é ela ser uma aptidão natural para captar com rapidez o melhor caminho a seguir ou a melhor coisa a fazer. Foi o que vivenciei certa vez na Argentina.

❖ Relato – Seguindo a intuição

Já formado em medicina há quatro anos e tendo terminado a residência em psiquiatria, estava deixando as instituições privadas e me contentava em trabalhar apenas em meu consultório. Naquele momento, me convidaram para ser chefe do departamento de adolescentes de um centro muito renomado da Argentina.

Senti que não deveria aceitar aquela proposta, mas fiquei em dúvida: era um cargo importante, que abriria muitas portas e me daria reconhecimento. Sem saber bem o que fazer, em uma madrugada, véspera do dia em que teria de dar a resposta, me perguntei: "o que eu faço?"

Perguntei e me desapeguei da espera pela resposta. No dia seguinte, acordei com a certeza de que não deveria aceitar. Pouco tempo depois, estava embarcando rumo ao Brasil, a fim de realizar um projeto que abriu um novo ciclo da minha vida.

Intuito versus intuição

Intuito e intuição, apesar de similares na grafia, diferem-se em seu significado e objetivo.

Intuito vem dos níveis de consciência ligados às emoções, aos instintos e pensamentos. É guiado por nossos medos, desejos egoístas e duais, isto é, projeção de uma vontade do ego.

Intuição fala de outro nível de sensibilidade, de um "Eu Maior", de níveis espirituais; é sempre impessoal, refere-se ao absoluto, ao transcendente. É uma faculdade que se exerce por meio dos níveis mais elevados do inconsciente: o supraconsciente.

Reconhecer, na prática, a diferença entre um e outro é muito valioso nas experiências cotidianas.

◆ O alpinista

Havia uma vez e não havia uma vez...
Um alpinista que sonhava subir uma montanha muito alta. Ele treinou durante muito tempo e, mesmo sabendo que não era seguro viver uma experiência tão arriscada sozinho, o orgulho dele lhe dizia que ele poderia, sim, escalar aquela montanha sem ninguém.

Assim, no dia programado, ele iniciou sua jornada. Começou a escalar durante o dia e foi subindo, subindo a montanha, até que a noite se fizesse bem escura. As estrelas e a lua estavam totalmente cobertas pelas nuvens. E ele não conseguia enxergar mais nada.

Naquela escuridão, o alpinista deu um passo em falso e tropeçou em uma pedra. Rolou montanha abaixo, conduzido pela lei da gravidade. Naquele momento, que foram segundos, passou pela sua mente imagens de sua vida, coisas bonitas, outras nem tanto.

Em determinado momento, ele parou de rolar. Ficou pendurado pela corda na qual havia se amarrado, provavelmente presa à montanha. O tempo estava muito frio, gelado. Ele não havia se agasalhado o suficiente e sentia a morte muito próxima. De repente, uma voz que veio de sua profunda intuição falou: "solte a corda, solte a corda". O alpinista tremia de medo enquanto continuava escutando a voz: "se solte da corda".

No dia seguinte, uma equipe de resgate se aproximou do lugar do incidente e observou o corpo do alpinista agarrado, amarrado à corda, a dois metros do solo.

Intuito ou intuição. Qual voz o alpinista ouviu? Provavelmente, ele tinha sentido que era para seguir a voz que pedia para pular, mas usou a mente concreta: se sujeitou ao medo e este conduziu o processo de congelamento do corpo.

O pensamento concreto é um obstáculo à intuição, nos mantém no campo do medo, do ego e da mente fragmentada. Então ele não percebe ou nega os lampejos de intuição que chegam do supraconsciente. Eis um exemplo cotidiano, e menos dramático, de como nos guiamos pelo intuito em vez de nos orientarmos pela intuição.

❖ Relato de Constelação – Vício

No âmbito das constelações, quais resultados podemos esperar ao trocar intuição por intuito? Vejamos este exemplo:

Em uma supervisão com Bert Hellinger, uma terapeuta levou o caso de um homem, que vamos chamar de José, viciado em jogos. Por alguns períodos, a compulsão de José se atenuava, mas depois ele voltava a jogar e a perder tudo. Há anos ele tentava sair daquela situação, sem sucesso.

Durante a supervisão, Hellinger pediu que a terapeuta representasse José. Então, ela pôde sentir que ele caminhava para a morte, que queria encontrar a mãe já falecida e morrer também. Depois daquela experiência, e seguindo o conselho de Hellinger, a terapeuta contou ao homem o que ela havia vivenciado, e José deixou de comparecer às sessões terapêuticas. Fechou ali o tratamento.

Posteriormente, a colega nos revelou o seguinte: "Levei anos para entender por que Hellinger me pôs no papel de José. Era para que eu vivesse, sentisse no meu corpo o caminho dele e o libertasse, porque meu papel não teria a devida função", ela conta, "mas, até ali, meu intuito era fazer de tudo para ajudá-lo".

Ouvindo a intuição nas constelações

"A intuição só funciona quando se olha em direção à solução. A visão de quem contempla o problema torna-se estreita; observa os detalhes, mas perde o todo. Aquele que olha para a solução abarca sempre, na sua visão, o todo e a partir desse contexto mais amplo vê uma saída. A saída dá-nos, a partir de um lugar qualquer, um sinal, uma piscadela de olho, e então dirigimo-nos a ela de imediato."

(Bert Hellinger)

A citação de Hellinger nos convida a uma expansão na consciência. Se estamos atravessando uma floresta e nos defrontamos com uma árvore enorme bem no meio do caminho, temos algumas possibilidades.

Uma delas é tentar arrancar o tronco, com todo o esforço, perda de energia e possível frustração que essa escolha acarretaria. Outra é subir no alto da montanha e, olhando de outra perspectiva, encontrar caminhos alternativos para seguir viagem. Traduzindo essa metáfora, subir a montanha é usar a intuição para escolher como agir.

Viver guiado pela intuição é expressar o sagrado que está em nós. A vida flui com mais leveza e assertividade. Ainda citando Hellinger:

"Você se torna um servidor mais eficaz do campo porque faz mais com menos."

Os campos morfogenéticos[*] são um campo de informações que podem ser captadas, mas não com a mente concreta. As ações a serem tomadas vêm por meio da intuição, que comunica o que fazer e o que não fazer. Sem ela, nos sentimos inseguros para dar os próximos passos rumo à solução mais adequada. Antes mesmo de iniciar um trabalho sistêmico, a intuição é guia-mestra para o facilitador. Como saber, por exemplo, se devemos abrir uma constelação? Em alguns casos é possível sentir antes mesmo de receber o consultante.

"Na dúvida, não faça."

(Ditado taoísta)

❖ Relato de Constelação – Quando não há força

A terapeuta responsável pelas constelações individuais do Instituto Koziner tinha duas constelações agendadas para o mesmo dia. Na primeira delas, era um casal. Enquanto o aguardava, a terapeuta teve a seguinte intuição: "eles não poderão ser constelados hoje". Ela estranhou, mas aguardou.

Assim que chegaram ao consultório, marido e mulher não paravam de brigar. O tema que traziam era o conflito com o filho. A terapeuta observou que o casal não tinha a mínima intenção de "olhar" o que acontecia

* Campos morfogenéticos são aqueles que levam informações (não energia). Utilizáveis através do espaço e do tempo, sem perder intensidade depois de terem sido criados, esses campos não-físicos exercem influência sobre sistemas com algum tipo de organização inerente.

entre eles, ou seja, não estava preparado para um caminho de solução; ao contrário, culpava-se mutuamente. A facilitadora indicou uma constelação individual, separada, para cada um deles em outro momento.

Depois que o casal foi embora, e enquanto aguardava a próxima consultante, ela teve o seguinte pensamento: "que pena, novamente não poderei fazer a constelação". E, como no caso anterior, aguardou para saber se estava diante de uma intuição.

Quando a mulher entrou no consultório, disse: "não estou nada bem". Ela, apesar de ter vindo de muito longe especialmente para aquele trabalho, precisava falar, pois acabava de passar por uma situação traumática e necessitava de acolhimento, não era indicada uma constelação naquele momento.

A facilitadora tinha o intuito de realizar as constelações, mas ouviu sua intuição.

A intuição falha?

Convivemos, como facilitadores, com o mistério de "não saber o que fazer" no decorrer de uma constelação. Para isso, temos um marco teórico no qual nos apoiamos. Mas, paradoxalmente, um dos ensinamentos de Bert Hellinger é abandonar os conhecimentos da mente para se render à sabedoria do campo.

Como confiar na própria intuição? É possível afirmar que a intuição nunca falha?

Se escolhemos o "caminho errado", falhou nossa capacidade de ouvir o que ela tem a nos dizer. Isso acontece porque existem ruídos entre nós e nossa intuição. Quais?

Além dos pontos que já mencionamos até aqui, há outros que devem ser observados com mais atenção; por exemplo, como está nossa autoestima? Se estiver baixa, podemos confundir **intuição** com mais um pensamento baseado em medos ou vontades ilusórias, ou seja, com o **intuito**.

Intuição e autoestima

O que você imagina quando escuta a palavra "autoestima"? Contrariando o senso comum, podemos afirmar que autoestima nada tem a ver com vaidade. Em vez disso, ela é a soma da autoconfiança com o autorrespeito, sem competitividade ou comparações.

A baixa autoestima pode ser um obstáculo para o reconhecimento da intuição e interfere na condução da constelação sistêmica. Ela nos impede de olhar para o outro com a necessária neutralidade.

Se não nos conhecemos o suficiente, como saber se estamos diante de uma intuição ou de um medo? Um passo fundamental para elevar a autoestima é reconhecer as próprias emoções e aceitá-las tal qual se apresentam.

Também não é saudável nos condenarmos por sentir o que sentimos, pelo contrário, ao nos abrirmos para aceitar nossa sombra, uma nova força vital surge dela. Negar ou desconhecer os próprios sentimentos e emoções cria uma dissociação entre o facilitador e o campo.

*Aceitar e transmutar a própria fraqueza, a própria sombra,
é parte da fortaleza do constelador.*

Desenvolvendo a intuição

"Encontramos nosso símbolo a partir de nosso mundo [interno], e ele se torna o sinal 'secreto' de cada um, nossa personalidade simbólica."

(Arthur Burton)

Não precisamos esperar o momento de realizar uma constelação sistêmica para testar nossa intuição. O ideal é que ela seja exercitada diariamente. Não é uma prática fácil em um mundo no qual se privilegia a mente concreta e a lógica.

Se quisermos ativar a intuição, temos que fazer uso de outro tipo de linguagem, como a da arte, dos símbolos, dos arquétipos, a linguagem dos sentimentos mais profundos.

Podemos, por exemplo, usar símbolos para representar como nos sentimos, como estamos nesse momento da vida: criar e pintar mandalas, escutar música clássica, praticar atividades diferentes que nos tirem da "zona de conforto". Outro recurso que também estimula a intuição é estar em contato com crianças, animais e natureza.

Disciplina fundamental, entretanto, para exercitar a mente intuitiva é a meditação (ver capítulo III). Ela nos coloca conscientemente em contato com nosso verdadeiro "eu", nos abre ao supraconsciente e nos possibilita receber informações e inspirações do plano espiritual. Pouco a pouco, a mente concreta vai ficando mais sensível e receptiva à alma.

▶ Prática: meditação – Consulta à sabedoria

A meditação sugerida abaixo foi especialmente criada para ajudar você a ouvir a voz de sua intuição. O que será que ela tem a lhe dizer?

✓ Sente-se, mantenha a coluna vertebral reta, adote uma posição em que seu corpo possa relaxar;

✓ Inale profundamente; ao exalar, comece a relaxar e solte suas tensões corporais;

✓ Feche os olhos;

✓ Inale outra vez, profundamente; ao exalar, relaxe o corpo um pouco mais, especialmente as regiões que suportam mais tensões;

✓ Leve sua consciência às partes do seu corpo que ainda estão tensas. Ao exalar, imagine que a tensão se dissolve, para que seu corpo inteiro se sinta relaxado;

✓ Volte a inalar, como se estivesse deixando entrar uma nova energia, mais leve, e, ao exalar, imagine que seu corpo alcança o relaxamento mais completo possível;

✓ Inale profundamente e ao exalar relaxe a mente;

✓ Afaste todas as preocupações, inquietudes ou responsabilidades;

✓ Deixe que a mente se aquiete e funcione de forma lenta, lenta...;

✓ Quando os pensamentos vierem, só repare neles para dizer que serão atendidos mais tarde, que agora você está ocupado, que está atendendo à sua essência, ao seu ser;

✓ Abra as asas da sua imaginação e deixe que ela o leve a um lugar da natureza. Pode ser uma pedreira, um pico de uma montanha, um clarão no bosque, uma praia. Deixe que sua intuição e imaginação conduzam você a um lugar tranquilo e bonito, lugar de paz: é seu santuário interior, um lugar muito privado, o "seu" lugar;

✓ Use esse momento para observar o que você sente ao estar no seu santuário. Caminhe por ele, sinta o ar, observe os demais seres vivos: plantas, pássaros e outros animais. Busque um lugar nesse santuário para ficar bem confortável e se sentir em casa;

✓ Imagine que você se senta num lugar especial ali dentro. Olhando para a entrada do santuário, você começa a ver, a sentir ou a perceber a presença de um ser muito sábio, que está a ponto de entrar. Esse ser pode ser um homem, uma mulher, uma criança ou um animal. Pode ser também uma cor ou uma presença etérea; aceite o que se apresentar;

✓ Comece a perceber o ser sábio enquanto ele entra no seu santuário, ele caminha na sua direção;

✓ Sinta a energia e a presença da sabedoria enquanto ele se dirige a você;

✓ Deixe que ele o cumprimente por meio de palavras, de sentimentos, de um toque, enfim, que faça contato. Ele está ali para servir você, para o aconselhar e o ajudar no que você precisar;

✓ O ser sábio tem uma mensagem para lhe transmitir, aqui e agora. Pode ser uma palavra, um gesto. Abra-se para ouvir, perceber ou sentir em que consiste a mensagem;

✓ Se houver algo que deseja saber, pergunte. Quanto mais clara e precisa a pergunta, mais clara será a resposta;

✓ Formule a pergunta e entregue à sabedoria. Depois, aguarde; não se precipite, acalme a mente;

✓ Inale e se acalme um pouco mais. Saiba aguardar, deixe que a resposta venha da sabedoria. Pode ser uma intuição, pensamento ou sentimento. Seja como for, aceite o que se apresentar como resposta. Se você não compreender, reformule a pergunta e entregue ao sábio;

✓ Vá, assim, construindo um diálogo de perguntas e respostas. Como um discípulo que está recebendo uma aula do seu mestre, deixe que essa aula possa fluir;

✓ Entregue suas perguntas com humildade e formule uma de cada vez;

✓ O discípulo pergunta porque não sabe e quer aprender. Aguarde, deixe que a resposta venha até você e aceite o que se apresentar;

✓ Se a sabedoria sente que é necessário terminar a aula e você se sente preenchido, então agradeça à sua sabedoria e diga "adeus";

✓ Imagine que ela caminha para a saída do santuário;

✓ A qualquer momento que quiser, você pode voltar ao seu santuário e falar com sua sabedoria interior. Ela estará lá para oferecer apoio, afeto e a orientação que você precisar;

✓ Volte aos poucos ao seu corpo. Sinta seus pontos de apoio, perceba sua respiração, movimente as mãos e os pés, lentamente. Espreguice-se, alongue seu corpo;

✓ Abra os olhos sem perder a sensação do relaxamento.

Capítulo VII
Agir

"Fácil é aquilo que é permitido vir.**"**

(Bert Hellinger)

Alcançamos o quarto passo do ciclo de excelência do constelador. Poderíamos dizer que é o último e, ao mesmo tempo, aquele que retoma, necessariamente, os três antecessores, como numa espiral dialética. Apenas para facilitar o entendimento, vamos denominá-lo de "agir", já que todos os outros, de algum modo, também contêm um tipo de ação.

O "agir" desse quarto passo, entretanto, tem uma característica fundamental que o diferencia dos demais: ele é visível a todos os participantes da constelação. Ao contrário dos passos anteriores – cujo *agir* é "receptivo", pois acontece no mundo interno do facilitador –, aqui a ação ganha movimento externo.

Quando, já no início da constelação, pedimos, por exemplo, ao consultante que escolha um representante para o marido e outro para o filho, estamos dando um passo. Ao observarmos que o representante está olhando em uma direção e colocamos alguém ali, damos outro passo. E mais outro quando pedimos ao representante que diga a seguinte frase: "você faz parte".

Todas essas ações visíveis feitas pelo constelador configuram os passos do ciclo de excelência.

◆ A vaca e o precipício

Havia uma vez e não havia uma vez...
Um mestre estava caminhando com seu discípulo pelos caminhos da vida. Em um dos vilarejos que atravessavam, passaram em frente a uma casa que tinha um aspecto muito pobre e decidiram entrar para conhecer a família. Já dentro da casa,

os dois notaram que os seus moradores também tinham uma aparência bem pobre. Eram pálidos, um pouco desnutridos e usavam roupas rasgadas.

– O que vocês fazem para viver? – perguntou o mestre.

– Nós temos uma vaca que nos dá, mais ou menos, um litro de leite por dia. Nós bebemos esse leite, fazemos coalhada e trocamos o leite por alimentos com os vizinhos. Assim vamos levando a vida – descreveu o pai de família com certo desânimo.

O mestre ouviu o homem e, mantendo profundo silêncio, despediu-se com uma reverência. O discípulo, por sua vez, saiu triste daquela casa, com uma sensação de pena da família tão pobre.

Mestre e discípulo continuaram caminhando pelos caminhos da vida. Andaram juntos alguns metros até que, de repente, o mestre se deteve. Com tranquilidade na voz, ordenou:

– Discípulo, quero que você me faça um favor.

– Sim, mestre, pode pedir.

– Espere um pouquinho até chegar o entardecer. Quando o sol estiver se pondo, volte até aquela casa pobre. De modo que ninguém o veja, desamarre a vaca daquela família e jogue-a no precipício.

O discípulo ficou espantado com aquele pedido. Mas fazia parte de seu compromisso não desobedecer ao mestre.

Muito contrariado, esperou o sol se pôr e foi até o curral. Muito silenciosamente, desamarrou a vaca e a levou até a beira do precipício. Como o mestre havia mandado, mas com profundo pesar, jogou a vaca lá embaixo.

Muitos anos haviam se passado desde esse episódio. O mestre morreu e o então discípulo havia se tornado um mestre também.

Tantas coisas tinham acontecido, tantas ele tinha vivido, mas nunca havia conseguido se esquecer daquela cena: ele atirando no abismo a única fonte de alimento daquela pobre família.

Certa vez, também ele caminhava com seus próprios discípulos pelos caminhos da vida. Em uma oportunidade, aconteceu de eles caminharem por aquele mesmo local onde vivia a família pobre, exatamente em frente à mesma casa.

Agora, entretanto, a casa estava muito diferente. Já não tinha um aspecto pobre; ao contrário, era uma casa bonita, aparentando até certa riqueza.

Então, o discípulo que aquele mestre um dia tinha sido e que guardava a amarga lembrança no seu coração bateu na porta da casa. Precisava saber o que acontecera com aquelas pessoas.

Assim que bateu, foi recebido por um homem relativamente jovem. O mestre o cumprimentou e perguntou se ele pertencia à mesma família que há alguns anos morava naquele sítio.

– Sim, o senhor deve ter conhecido o meu pai. Naquela oportunidade, eu era ainda uma criança. Agora, sou o chefe dessa família.

– Seu pai era um homem muito pobre...

– Sim, realmente. E nós passamos por um momento muito difícil. Nós tínhamos apenas uma vaca para nos sustentar e ela morreu num acidente.

O mestre ouvia em silêncio, relembrando a cena.

– A partir daquele momento de crise, passamos por uma situação de muita pobreza, mas meus pais começaram a tentar novas ideias, novas possibilidades.

Plantaram algumas sementes e ervas medicinais, árvores frutíferas e fizeram uma grande horta. O resultado foi o que temos agora, uma farta agricultura, gados etc.

O mestre, que uma vez foi discípulo, ouviu atentamente aquelas informações e agradeceu. Dentro dele, dissipou-se toda a culpa que levara no seu coração por anos.

Lendo esse conto a partir do prisma das constelações, podemos fazer uma analogia entre cada ação do mestre, que treina a disciplina de permanecer no centro vazio, e os passos que estudamos até aqui. Vejamos:

1. Ouve o problema enquanto **observa** a família, as condições externas da casa e de seus membros;
2. **Percebe** que há algo naquela atitude que mantém a família em um padrão de pobreza;
3. **Intui** uma solução;
4. Finalmente, decide **agir** de uma forma que a princípio choca o discípulo; só depois de anos, se confirmará como a mais sábia ação que o mestre poderia ter tido.

Autoconfiança e a confiança no campo

"Só se pode alcançar um grande êxito quando nos mantemos fiéis a nós mesmos."

(Friedrich Nietzsche)

Neste passo, o facilitador de constelações também precisa desenvolver habilidades e recursos para atuar com assertividade. As palavras-chaves para esses recursos são *autoconfiança* e *confiança no campo sistêmico*. Como o mestre da história, somente quando estamos sustentados pela confiança nas etapas anteriores do ciclo e em nós mesmos, fazemos mais com menos e caminhamos para a melhor solução.

O constelador deve confiar no que viu e naquilo que processou nos passos prévios, quando usou:

✓ Da neutralidade para se entregar ao **centro vazio**;
✓ Dos recursos da cognição para **observar**;
✓ Da consciência para **perceber**;
✓ Da convicção para escutar a voz interior que passa pela **intuição**;
✓ E da confiança para dar o próximo passo, ou seja, **agir**.

A ação pode se dar no plano físico, com um movimento corporal e com palavras; ou com o *não agir* e o *silêncio*, considerando que o *não-fazer* é ainda um *fazer*. Afinal, o silêncio é uma linguagem carregada de sentido.

"O silêncio
Foi a primeira coisa que existiu
Um silêncio que ninguém ouviu
Astro pelo céu em movimento
E o som do gelo derretendo
O barulho do cabelo em crescimento
E a música do vento
E a matéria em decomposição

A barriga digerindo o pão
Explosão de semente sob o chão."

(Arnaldo Antunes e Carlinhos Brown)

❖ Relato de Constelação – Impotência

"Eu, quando choro,
não choro eu.
Chora aquilo que nos homens
em todo o tempo sofreu."

(António Gedeão)

Uma mulher, que aqui vamos chamar de Paula, veio a mim para constelar seu sentimento de impotência diante da vida, uma fraqueza que já a acompanhava desde a infância. Ela contou que era casada, tinha um filho e uma vida relativamente estável.

Pedi, então, que Paula escolhesse um representante para ela e outro para a impotência. Aguardei, e o movimento da representante da impotência mostrou que faltava alguém na direção do chão. Coloquei uma pessoa para o representar; tudo indicava ser o pai falecido.

Ao mesmo tempo, muito emocionada, a representante de Paula apontou para um lugar vazio, dizendo que faltava alguém ali ao lado dela. Mais um representante, que soubemos depois ser a força ou a potência dela, entrou no campo da constelação.

Nos passos seguintes, a representante da impotência se distanciou da representante de Paula e se colocou ao lado do falecido, dizendo que ela pertencia àquele lugar e àquela pessoa. Do meu centro vazio, intuí que ela dissesse algumas frases para voltar ao seu lugar de filha e entregasse "aquele sentimento" ao pai. Não foi fácil para ela.

Como observamos nas dinâmicas em que há sentimentos adotados*, "deixar a dor" com o outro é, no início, percebido como deixar o ser amado carregar sozinho seu sofrimento. Outras frases e silêncios foram necessários até que o movimento de entrega acontecesse. Finalmente, ela pôde deixar com o pai o que pertencia ao destino dele.

Comprovando a verdade dessa entrega, a representante de Paula e o representante de sua força se deram as mãos e olharam com convicção para frente. Viam ali um novo caminho e se sentiam plenamente fortes para seguir adiante.

Três dias depois, soubemos que o casamento dela havia, de certo modo inesperado, chegado ao fim. Uma transformação radical foi necessária, com mudança de casa, de cidade, de escola, enfim, de vida.

Após o susto e a dor, entretanto, soubemos também que o um novo ciclo de realizações pessoais se iniciara e ela se via de mãos dadas com sua força para iniciar uma vida cheia de perspectivas.

Nessa exposição, conduzir a consultante a "abrir mão" da impotência foi uma atitude semelhante à do mestre quando pediu ao discípulo que jogasse a vaca no precipício (ver conto página 133) e, com ela, toda a realidade que se construíra ao redor daquele sentimento. Como num caleidoscópio atemporal, a ação do constelador mobiliza todos os passos anteriores, que se articulam e apontam para um novo caminho.

---

* Aqueles sentimentos que vêm do sistema familiar, e não necessariamente se originam na própria pessoa que os está sentindo. Em geral, pertencem aos antepassados do consultante.

Yin-yang

Já falamos da semelhança entre alguns aspectos da constelação sistêmica e do taoísmo, filosofia chinesa que, segundo o próprio Bert Hellinger, serviu-lhe de inspiração. Para explicar a integração entre receptividade (dos passos anteriores) e ação (deste passo), recorremos novamente a essa filosofia, dessa vez com seu principal símbolo: o yin-yang. Se o *tao* representa o caminho, yin-yang representam como esse caminho se manifesta.

Traduzido literalmente como "lado escuro" e "lado claro" da montanha, yin-yang significam a interação harmoniosa entre duas forças fundamentais opostas, mas complementares – feminino-masculino, emoção-razão, dia-noite, luz-sombra, por exemplo.

Observamos, então, a expressão do aspecto yin: o feminino, a leveza, a terra e a receptividade predominam nas posturas de permanecer no centro vazio e nas de observar, perceber e intuir.

E vemos a expressão do aspecto yang: o masculino, o céu, o fogo, a luz e a ação. A união desses dois aspectos resulta numa imagem repleta de sentido, que possibilita ao facilitador encontrar a melhor direção a tomar.

Quanto mais receptivo ao campo (yin),
mais assertivo será o agir (yang).

❖ Relato de Constelação – A alma

Em uma constelação de casal, a postura corporal e as falas dos re-

presentantes sinalizavam que havia uma grande discórdia entre marido e mulher. Um queria ficar acima do outro, via o companheiro ora mais alto, ora mais baixo, mas nunca no mesmo nível.

Decido, permeado pelo centro vazio e pela minha intuição, colocar atrás de cada um deles o representante para sua alma. Eu mesmo me surpreendi com esse passo, porque, em uma constelação familiar, dificilmente fazemos isso. Em geral, colocamos a mãe, o pai ou outro membro da família.

No momento seguinte, cada um se virou para trás, olhando a própria alma. Ficou claro que os dois estavam dissociados de sua profundidade. E o primeiro passo para sair daquele estado era começar um caminho de autoconhecimento.

Em certo momento, eles ficaram "paquerando" sua própria alma e a constelação parou por aí. O caminho que o campo mostrou foi que, antes de enxergar um ao outro, eles tinham de enxergar a si mesmos.

Nesse caso, eu não teria chegado a esse caminho se tivesse parado na intuição. Foi imprescindível o *agir*. Então, no agir trazemos o tesouro da profundidade e o levamos à superfície. A mente concreta é necessária para nos movimentarmos, falarmos, perguntarmos, ou seja, fazermos as ações visíveis no campo sistêmico.

"Aquele que sabe muito sobre os outros pode ser instruído, mas aquele que se compreende é mais inteligente. Aquele que controla os outros pode ser forte, mas aquele que se domina é ainda mais poderoso."

(Lao-Tsé)

Olhando a atuação da mente mais de perto nas constelações, podemos compará-la à parte superior do iceberg. E a da alma, à parte que está submersa, invisível, na profundidade. Chegamos ao tesouro por um conjunto de ações internas e externas que se complementam.

Aguardar para agir

"As grandes palavras surgem do silêncio. Precisam de tempo até que fiquem maduras e caiam da árvore do conhecimento como fruta madura. São palavras que surgem da compreensão."

(Bert Hellinger)

Complementado Hellinger, surgem do silêncio as grandes palavras e também as grandes ações. Se, como um músico, o constelador não respeita as pausas da partitura, sua ansiedade pode ocupar esses espaços, fazendo-o dar outro passo e outro passo e mais outro para compensar a "insuportável" ansiedade que gera a espera. Agindo assim, ele sai do ciclo de excelência. Então, para permanecer no ciclo, assim que faz um movimento, o facilitador necessita, obrigatoriamente, aguardar antes de dar o próximo passo. Nesse "aguardar" se reinicia o ciclo.

Wu wei

"O caminho é uma constante não ação que nada deixa por realizar."

(Tao Te Ching)

Wu wei é mais um princípio da filosofia taoísta que podemos adotar em nossa conduta como facilitadores de constelação. Significa *não ação*, isto é, a ação realizada sem intenção ou artificialidade, sem predeterminação ou preconceitos, mas, sim, com naturalidade e harmonia com o universo.

A *não ação* não deve ser confundida com *deixar de fazer*, com preguiça ou com a renúncia à ação; enfim, não forçarmos que as coisas aconteçam segundo nossos desejos.

Em "O amor do espírito", Hellinger propõe:

"Um exercício para o ajudante é o de recolher-se para um centro vazio. Nesse centro vazio está sem intenção, sem temor, sem lembrança. Está inteiramente centrado. Se for capaz de centrar-se

dessa maneira, acontecerá algo em sua volta como se tivesse atuado. Ele, porém, não age. Atua sem agir, apenas através da sua presença, sem fazer nada."

Em uma oportunidade, conduzi uma constelação em que a representante da esposa estava em pé e o representante do marido também. Em determinando momento, entretanto, ele se ajoelhou. Demorou aproximadamente vinte minutos para voltar a ficar em pé, mas eu sentia que o meu passo era aguardar até que o representante recobrasse suas forças e se levantasse.

Como eu sabia que deveria agir assim? Eu estava permeado pela intuição e pelo centro vazio. Já tinha observado e percebido. Minha ação era o *Wu wei*, isto é, o princípio do *não fazer*. Assim, aguardar é também "fazer".

Capítulo VIII
Inteligência Espiritual

"Não sou cristão, não sou judeu, não sou zoroastriano,
Não sou nem mesmo muçulmano.
Não pertenço à terra, ou a qualquer mar conhecido
ou desconhecido.
A natureza não pode me possuir nem reivindicar, e
o céu, tampouco.
Nem também a Índia, China, Bulgária,
Meu torrão natal em nenhum lugar está,
Meu signo é ter e não ter signo.
Talvez diga que me vês a boca, as orelhas, o nariz –
mas eles não são meus.
Eu sou a vida da vida.
Sou aquele gato, esta pedra, ninguém.
Joguei fora a dualidade, como se faz com um velho
pano de enxugar prato.
Vejo e conheço todos os tempos e mundos,
Como único, único, sempre único.
O que, pois, tenho de fazer para que reconheças
quem te fala?
Aceita isso e muda tudo!
Esta é tua própria voz ecoando das muralhas de
Deus."

(Rumi)

O cérebro, assim como os músculos do corpo, pode se desenvolver ou se atrofiar, dependendo dos estímulos que recebe. Estudos feitos a partir de imagens de ressonância magnética mostram que esse órgão reage a determinados exercícios mentais, passando, inclusive, por modificações anatômicas.

Durante 30 anos, o National Institute of Mental Health americano realizou um estudo com profissionais que tinham de resolver atividades complexas ou criar soluções ao lidar com pessoas difíceis. O resultado mostrou que eles se saíram melhor em testes de inteligência que aqueles que executavam atividades mais simples. Quando falamos de inteligência, entretanto, a quais habilidades cognitivas estamos nos referindo?

Nos anos 1980, o psicólogo e professor da Universidade de Harvard (EUA) Howard Gardner revolucionou a educação ao propor a teoria das inteligências múltiplas.

No início, Gardner relacionou, além das clássicas inteligências lógico-matemática e linguística, avaliadas pelo teste de QI (Quociente de Inteligência), outras cinco inteligências: espacial, corporal-cinestésica, musical, interpessoal, intrapessoal. Depois, acrescentou mais duas: naturalista e existencial (esta última foi denominada por alguns autores também de espiritual).

Em uma perspectiva mais empírica, podemos dizer, por exemplo, que um prodígio do futebol, como Pelé, seria dotado de inteligência corporal-cinestésica; o escritor Dostoievski, de inteligência linguística; John Nash, lógico-matemática; o arquiteto Oscar Niemeyer, de inteligência pictórica ou espacial; Bert Hellinger, de inteligência espiritual, e assim por diante.

Quando realizamos uma constelação, estamos também desenvolvendo e ampliando recursos de nossa inteligência espiritual.

Quando falamos sobre instalar a nossa consciência no "centro vazio", sobre o ato de "perceber" e de "intuir", estamos descrevendo capacidades da inteligência espiritual. Assim, todos os temas abordados neste livro visam à expansão desta última inteligência, que consideramos essencial àqueles que almejam ajudar outras pessoas com essa abordagem.

As constelações sistêmicas são um caminho de desenvolvimento integral do ser que possibilita também a expansão da consciência espiritual.

◆ O medo do rabino

"Em seus momentos finais de vida, Reb Sussya estava agitado. Seus discípulos, tomados de reverência e temor, estavam perturbados com a agonia do mestre. Perguntaram:

– Mestre, por que estás tão inquieto?

– Tenho medo – respondeu.

– Medo do que, mestre?

– Medo do Tribunal Celeste!

– Mas tu, um mestre tão piedoso, cuja vida foi exemplar... a que temerias? Se tu tens medo, o que deveríamos sentir nós, tão cheios de defeitos e iniquidades? – reagiram surpresos.

– Não temo ser inquirido porque não fui como o profeta Moisés e não deixei um legado de seu porte... Posso me defender

> *dizendo que não fui Moisés porque não sou Moisés. Nem temo que me cobrem por não ter sido como Maimônides e não ter oferecido ao mundo a qualidade de sua obra e de seu pensamento... Posso me defender de não ter sido Maimônides porque não sou Maimônides. O que me apavora é que me venham indagar:*
> *— Sussya, por que não foste Sussya?"*

(Nilton Bonder)

Essa pequena história nos ajuda a refletir sobre a importância de acolher quem somos, com nossas luzes e sombras. Talvez o rabino tenha se dado conta de que, apesar de todo o conhecimento sobre as escrituras sagradas e sobre o pensamento de grandes homens, faltou-lhe conhecer a si mesmo ou se aceitar totalmente.

Sem autoaceitação, como poderíamos incluir em nosso coração o consultante e todos os integrantes do seu sistema familiar, que chegam até nós com suas luzes e sombras?

Compreendemos o sistema do consultante na medida em que conseguimos compreender e aceitar o nosso. Para isso, precisamos expandir o autoconhecimento e nos conectarmos ao centro vazio.

Ao nos tornamos vazios internamente, temos, nas palavras de Hellinger, condição de entrar em contato não só com a nossa própria força criativa, mas com a de cada um dos sistemas que facilitamos.

"Neste trabalho, atuar criativamente surge através desse caminho e conexão. Por isso, podemos realizá-lo apenas quando tivermos trilhado pelo menos parte

desse caminho do conhecimento, quando tivermos
internalizado essa filosofia, quando algo se
realiza através e para além de nós,
e não somos mais nós mesmos.
Então podemos realizar este trabalho."

(Bert Hellinger)

A inteligência da alma

Ainda que muitas pessoas encontrem na religião um modo de expressar sua inteligência espiritual, essa cognição não está vinculada a nenhuma doutrina. Enquanto a inteligência espiritual é uma capacidade inata do ser humano, a religião, por sua vez, é herdada de sacerdotes, profetas ou livros sagrados, constituindo-se a partir de um conjunto de regras e crenças (dogmas). Ela opera de cima para baixo, absorvida por meio da família ou das tradições.

Nos anos 2000, a física e filósofa americana Danah Zohar fez contribuições nesse terreno ao ampliar o conceito de "inteligência espiritual". Zohar a definiu como a habilidade com que "abordamos e solucionamos problemas de sentido e de valor" (quem sou? De onde vim? Qual o sentido de tudo isso? Qual a minha missão nesta vida? Quais são meus valores essenciais?). Ao fazer perguntas, e buscar as respostas, sobre nós mesmos e o mundo que nos cerca, estaríamos habilitando competências espirituais.

A inteligência espiritual é a inteligência da alma,
com a qual nos curamos e nos tornamos um todo íntegro.

Nesse sentido, a inteligência espiritual nos permite resolver problemas a partir do conhecimento interior, de nossas possibilidades e limitações; com ela, podemos compreender também os sentimentos e as necessidades de outras pessoas. Desse modo, ter níveis elevados de amor ou de compaixão é ter competências espirituais mais elevadas.

Ter inteligência espiritual não implica ser religioso

Ainda que esse tema seja embaraçoso para os cientistas (pouco preparados para estudar coisas que não podem ser medidas objetivamente), existe um grande volume de provas científicas sobre a existência da inteligência espiritual[*].

O psicólogo e pesquisador Richard Wolman, membro do corpo docente da Harvard Medical School, afirma que "a inteligência espiritual é a capacidade humana de fazer as perguntas fundamentais sobre o significado da vida e de experimentar simultaneamente a conexão perfeita entre cada um de nós e o mundo em que vivemos".

Wolman criou o *PsychoMatrix Spirituality Inventory* (PSI), um tipo de teste para medir o Coeficiente Espiritual (QS) – do inglês *Spiritual Quocient* – no contexto de vida das pessoas, sem entrar no mérito de qualquer religião. Uma das conclusões extraídas a partir de suas pesquisas é que "ser religioso não garante um alto nível de inteligência espiritual".

---

[*] Francisco Di Biase, "Ciência e consciência: o cérebro holoinformacional". Simpósio Nacional Sobre Consciência.

Estudos realizados pelo psicólogo Gordon Allport, há 50 anos, demonstraram que as pessoas passam por experiências espirituais mais fora do que dentro dos limites das instituições religiosas. Numerosos humanistas e ateus, por exemplo, possuem um QS (Coeficiente Espiritual) muito alto; por outro lado, parte dos indivíduos ativamente religiosos possui um QS baixo.

O QS repousa naquela parte profunda do Eu conectada à sabedoria que nos chega de além do ego ou da mente consciente. Nas pessoas com grande coeficiente espiritual, observamos a capacidade de amar e de ter compaixão, de adotar um comportamento virtuoso, como a humildade, de ter calma em momentos difíceis e traumáticos, de tratar e transcender a dor e o sofrimento, dando-lhes um sentido maior.

A inteligência espiritual pode nos colocar em contato com o sentido e o espírito fundamental subjacente a todas as grandes religiões.

Ao fazer uso da inteligência espiritual, podemos também nos tornar mais flexíveis, visionários ou criativamente espontâneos. Ela nos leva ao âmago das coisas, à Unidade por trás da diferença, ao potencial além de qualquer expressão concreta.

Inteligência espiritual na pós-modernidade

A cultura ocidental vive uma espécie de limitação de sua espiritualidade. Obviamente, não estou me referindo à pseudoespiritualidade, ao dogmatismo, ao obscurantismo, ao fanatismo ou à charlatanice, que, de alguma forma, podem estar relacionados no imaginário popular à palavra "espiritual".

Falo como a maioria de nós se relaciona de uma forma pouco ecológica conosco, com os outros e com o meio ambiente, assim como usamos mal os sentidos humanos mais profundos, negligenciando o sublime e o sagrado que existem em nós, nos outros e no mundo. Como consequência dessa postura, observamos a predominância de ações permeadas pelo materialismo, utilitarismo, egocentrismo míope e imediatismo.

Muitos escritores afirmam que um dos grandes problemas na mente do homem é o de dar um "sentido" à existência; nele residiria a crise básica de nossa época. Ainda que tenhamos conquistado um nível sem precedentes de bem-estar material, sempre queremos mais. Simultaneamente, manifestamos um vazio "aqui", no abdômen, como descrevo no conto "O vazio de Ana" (página 29).

O "mais", que preencheria o vazio, raramente tem qualquer ligação com a religião formal. Ansiamos pelo que o poeta T. S. Eliot denominou de "união mais profunda, mais comunhão"; mas, limitados pelo ego ou por símbolos ou instituições existentes em nossa cultura, vivenciamos uma experiência de dolorosa fragmentação.

Poderíamos afirmar que nosso ego deseja compensar a falta de inteligência espiritual com outras coisas externas, por exemplo: poder sobre os outros, acirrada competitividade, excessiva erudição, ambição desmedida por bens materiais etc. Um ilusório e falido intento que só retroalimenta a depredação de nós mesmos, de nossos relacionamentos e do ambiente em que vivemos.

Inteligência espiritual e As Ordens do Amor

Bert Hellinger, quando explica as Ordens do Amor, afirma que, nos relacionamentos humanos, tudo o que existe é amor. Entretanto, há um amor que pode nos conduzir ao sofrimento, à doença ou à morte e há o que pode nos conduzir à saúde, à plenitude, à vida. Ou seja, não é o amor em si que adoece ou propicia saúde, mas a Ordem pela qual esse amor se conduz.

A água pode ser considerada símbolo do amor: ela pode saciar a sede ou alagar um bairro, uma cidade. Portanto, só o amor não é suficiente, necessita das Ordens para ser ecologicamente direcionado.

A inteligência espiritual e seu conjunto de capacidades são indispensáveis para percebermos o "campo" que reconfigura as Ordens do Amor nos sistemas.

As constelações sistêmicas se aproximam do que sugerem as neurociências ao oferecer recursos significativos – não definitivos ou inflexíveis – para lidarmos com o sofrimento e suas diferentes manifestações. Elas nos convidam a dar um salto evolutivo, uma vez que propõem um novo paradigma para pensar as dinâmicas que perpetuam o sofrimento e, também, apontam caminhos de solução.

Desse modo, podemos dizer que as constelações sistêmicas são um caminho para desenvolver Inteligência Espiritual, a inteligência da alma, aquela com a qual podemos nos curar, nos tornar um todo íntegro e "podermos experimentar" simultaneamente a conexão harmônica entre cada um de nós e o mundo em que vivemos.

Quando as Ordens do Amor se reestabelecem em um sistema familiar, a espiritualidade segue um fluxo natural. Então, as competências que nomeamos como próprias da inteligência espiritual começam a circular, não apenas em um indivíduo, mas no sistema como um todo.

▶ Prática: meditação – Diluir-se

Meditar, como já dissemos, é uma das práticas mais eficientes para o desenvolvimento da atenção plena e, consequentemente, de uma observação eficaz. A meditação abaixo vai ajudar você a conquistar esse estado.

✓ Primeiro, relaxe;

✓ Perceba, como se passasse um *scan* por todo o corpo, as suas sensações: onde estão os pontos de tensão e por onde a energia corporal está fluindo;

✓ Aos poucos, vá se conectando, focando na respiração, na entrada e saída do ar;

✓ Deixe que entre mais ar pelo nariz e que saia todo o ar pelo nariz e pela boca;

✓ Mantenha essa respiração por alguns minutos. Ao inalar, o ar entra pelo nariz, enchendo a barriga e o peito. Ao exalar, abrimos um pouquinho a boca, relaxamos a mandíbula e soltamos o ar pelo nariz e pela boca;

✓ Em cada exalação, aproveite para soltar a tensão na nuca, ombros e braços;

✓ Veja se pode soltar um pouco mais... um pouco mais;

✓ O cérebro está recebendo a informação de que é um momento de descanso. Você pode soltar um pouco as defesas, se sentir seguro, fazer algo para sua essência, como se encontrasse um oásis no deserto e pudesse descansar;

✓ Inale e relaxe;

✓ Veja na sua frente um horizonte claro ou uma tela em branco;

✓ Então, sem forçar, deixe que apareça sua própria imagem bem na sua frente, exatamente como você está;

✓ Observe sua imagem na sua frente, meditando, com os olhos fechados;

✓ Imagine que vem uma luz do alto, como um raio da luz do sol, e começa a irradiar sua luminosidade na imagem à sua frente;

✓ Essa luz, como uma carícia, um carinho, suavemente vai penetrando, se introduzindo, transpondo a barreira do plano físico para entrar no corpo;

✓ A cada respiração, observe como essa luz vem. A cada exalação, como essa luz flui e permeia todo esse corpo à sua frente. Você pode imaginar a cor (cores) dessa luz. Ela se movimenta em harmonia com a respiração e flui na imagem que está na sua frente, a tal ponto que a toma da cabeça aos pés;

✓ Não faça nada. Seja apenas um espectador que está assistindo a um filme;

✓ Então, essa luz começa a diluir o seu corpo a sua frente. Diga "sim" para a luz, como que a autorizando a diluir seu corpo físico;

✓ Seu corpo físico começa mesmo a se diluir, transformando-se em luz, em cores;

✓ Observe, respire, perceba, sintonize-se um pouco mais com essa luz em cada respiração;

✓ Veja seu corpo físico, mental e emocional se diluindo cada vez um pouco mais nessa imagem à frente;

✓ Se quiser, traga essa imagem até você ou vá até ela, ou as duas coisas simultaneamente. Reúna-se com o essencial;

✓ Permaneça observando e sentindo esse estado;

✓ Deixe que esse estado permaneça em você. Ao mesmo tempo, volte a se conectar com seu corpo físico por meio da respiração;

✓ Sinta o contato dos pés no chão, as mãos, os pontos de apoio na cadeira; faça os movimentos que precisa fazer, como espreguiçar, alongar, e abra os olhos.

Chegamos juntos até aqui. Desejo ter contribuído de algum modo para que essa disciplina sobre a arte da ajuda continue crescendo com a seriedade que merece. Há muito por desenvolver ainda, e isso também pode ser por meio de você. O importante é saber que percorremos um trecho significativo de nosso caminho, compartilhando, refletindo, meditando e alimentando nossa comunhão de almas.

Quem sabe voltemos a nos encontrar.

O essencial é que possamos seguir despertando!

Referências Bibliográficas

ALEXANDER, Frederick Matthias. *A ressurreição do corpo*. São Paulo: Martins Fontes, 1993.

ALVES, Rubem. *Vamos construir uma casa: 12 lições para a educação dos sentidos*. São Paulo: Papirus, 2006.

ANDRADE FILHO, José Hermógenes de. *Mergulho na paz*. Rio de Janeiro: Nova Era, 1994.

ATMATATTWANANDA, Saraswati. *Steps to rája yoga*. Nova Deli: Ushnak & Arvind, 1999.

AZEVEDO, Patrick Wagner de. *A mística, a serenidade e a espiritualidade: a fenomenologia hermenêutica de Heidegger, as experiências espirituais e a daseinsanálise*. Tese (Doutorado em Psicologia) Universidade Federal Fluminense, 2018.

BERTHERAT, Thérèse. *O corpo tem suas razões*. São Paulo: Martins Fontes, 1976.

_____. *O correio do corpo: novas vias da antiginástica*. São Paulo: Martins Fontes, 1986.

_____. BAILEY, Alice. *Do intelecto à intuição*. Rio de Janeiro: Avatar, 1971.

BLAVATSKY, Helena. *A voz do silêncio*. São Paulo SP: Pensamento-Cultrix,

1987.

BOFF, Leonardo. *Saber cuidar. Ética do humano – Compaixão pela terra.* Rio de Janeiro: Vozes, 1999.

BONDER, Nilton. *Código penal celeste: prepare sua defesa diante do tribunal supremo.* São Paulo: Rocco, 2011.

BURTON, Arthur. *Teorias operacionais de personalidade.* Rio de Janeiro: Imago, 1978.

CAMPBELL, Joseph. *O herói de mil faces.* São Paulo: Pensamento-Cultrix, 1997.

CAPRA, Fritjof. *O ponto de mutação.* São Paulo: Pensamento-Cultrix, 1982.

_____. *O tao da física.* São Paulo: Pensamento-Cultrix, 1983.

CARROLL, Lewis. *Alice – Aventuras de Alice no país das maravilhas & Através espelho e o que Alice encontrou por lá.* Tradução de Maria Luiza X. de A. Borges. Rio de Janeiro: Zahar, 2010.

CHAUI, Marilena. *Convite à filosofia.* São Paulo: Ática, 2000

COOPER, Robert. AYMAN, Sawaf. *Inteligência emocional na empresa.* Rio de Janeiro: Campus, 1997.

CRITELLI, Dulce Mara. *Analítica do sentido: uma aproximação e interpretação do real de orientação fenomenológica.* São Paulo: Brasiliense, 1996.

CSIKSZENTMIHALYI, Mihaly. *Aprender a fluir.* Espanha: Kairós, 1998.

DAHLKE, Rüdiger. *Mandalas.* São Paulo: Pensamento, 1985.

EDINGER, Edward F. *Ego e arquétipo. Individuação e função religiosa da psique.* São Paulo: Pensamento-Cultrix, 1995.

ELLERTON, Roger. *Live your dreams let reality catch up: NLP and common sense for coaches, managers and you.* Canadá: Trafford Publishing, 2006.

EVANS-WENTZ, W. Y. *Tibetan yoga and secret doctrines: Or seven books of wisdom of the great path.* 3 ed. London: Oxford University

Press, 2000.

FREUD, Sigmund. *Obras completas*. Argentina: Amorrortu, 1978.

GARDNER, Howard. *A criança pré-escolar: como pensa e como a escola pode ensiná-la*. Rio Grande do Sul: Artes Médicas, 1994.

_____. *Estruturas da mente: a teoria das inteligências múltiplas*. Rio Grande do Sul: Artes Médicas, 1994.

GEDEÃO, António. *Obra completa*. Lisboa: Relógio D'Água, 2004.

GIACOIA, Oswaldo. *Heidegger urgente: introdução a um novo pensar*. São Paulo: Três estrelas, 2013.

GOENKA, S.N e outros. *A arte de morrer*. Estados Unidos: Vipassana Research Publications, 2015.

GOLEMAN, Daniel. *A arte da meditação: aprenda a tranquilizar a mente, relaxar o corpo e desenvolver o poder da concentração*. Rio de Janeiro: Sextante, 2018.

_____. *Focus, desarrollar la atencion para alcanzar la excelencia*. Espanha: Kairós, 2013.

_____. *Inteligência emocional*. Rio de Janeiro: Objetiva, 1995.

GORDON, W. Allport. *The individual and his religion: A psychological interpretation*. Estados Unidos: Macmillan Pub Co., 1964.

GOTTMAN, John. *Inteligência emocional e a arte de educar nossos filhos*. Rio de Janeiro: Objetiva, 1997.

HEIDEGGER, Martin. *Seminários de Zollikon*. São Paulo: Educ, 2001.

HELLINGER, Bert. *A fonte não precisa perguntar pelo caminho*. Minas Gerais: Atman, 2005.

_____. *A simetria oculta do amor*. São Paulo: Pensamento-Cultrix, 1998.

_____. *Amor a segunda vista*. Minas Gerais: Atman, 2006.

_____. *Conflito e paz*. São Paulo: Pensamento-Cultrix, 2007.

_____. *Liberados somos concluídos.*wMinas Gerais: Atman, 2006.

_____. *No centro sentimos leveza*. São Paulo: Pensamento-Cultrix, 2004.

_____. *O amor do espírito*. Minas Gerais: Atman, 2015.

_____. *Ordens da ajuda*. Minas Gerais: Atman, 2008.

_____. *Ordens do amor*. São Paulo: Pensamento-Cultrix, 2001.

_____. *Para que o amor dê certo*. *O trabalho terapêutico de Bert Hellinger com casais*. São Paulo: Pensamento-Cultrix, 2004.

_____. *Pensamentos a caminho*. Minas Gerais: Atman, 2005.

JUNG, Carl. G. *Memórias, sonhos, reflexões*. Rio de Janeiro: Nova Fronteira, 2008.

_____. *O homem e seus símbolos*. Rio de Janeiro: Nova Fronteira, 2008.

KABAT-ZINN, Jon. *Aonde quer que você vá é você que está lá*. Rio de Janeiro: Sextante, 2020.

_____. *Atenção plena para iniciantes*. Rio de Janeiro: Sextante, 2017.

KELEMAN, Stanley. *Amor e vínculos: uma visão somático-emocional*. São Paulo: Summus, 1996.

_____. *Anatomia emocional*. São Paulo: Summus, 1992.

_____. *Padrões de distresse: agressões emocionais e forma humana*. Rio de Janeiro: Summus, 1992.

KURTZ, Ron. PRESTERA, Hector. *O corpo revela: um guia para a leitura corporal* Rio de Janeiro: Summus, 1989.

LAO-TSÉ. *Tao te ching: o livro do caminho e da virtude*. São Paulo: Martin Claret, 2013.

LOWEN, Alexander. *A espiritualidade do corpo: bioenergética para a beleza e a harmonia*. São Paulo: Pensamento-Cultrix, 1995.

_____. *Exercícios de bioenergética: o camino para uma saúde vibrante*. São Paulo: Ágora, 1985.

_____. *La depresión y el cuerpo*. Espanha: Alianza, 1986.

_____. *Medo da vida: caminhos de realização pessoal pela vitória da vida*. São Paulo: Summus, 1986.

_____. *O corpo em terapia: a abordagem bioenergética*. São Paulo: Summus, 1977.

LYNCH, David. *Em águas profundas*. Rio de Janeiro: Gryphus, 2015.

MCTAGGART, Lynne. *O campo – Em busca da força secreta do universo*. Rio de Janeiro: Rocco, 2002.

MERLEAU-PONTY, Maurice. *Fenomenologia da percepção*. Trad.: Carlos Alberto R. de Moura. São Paulo: Martins Fontes, 1999.

OSHO. *Sublime vazio*. São Paulo: Pensamento-Cultrix, 2014.

PESSOA, Fernando. *Poemas completos de Alberto Caeiro*. São Paulo: Companhia de Bolso, 2005.

POUND, Ezra. *ABC da literatura*. Tradução de Augusto de Campo e José Paulo Paes, São Paulo: Pensamento-Cultrix, 2006.

REICH, Wilhelm. *Função do orgasmo, problemas econômicos sexuais da energia biológica*. São Paulo: Brasiliense, 1975.

_____. *O projeto orgone*. Bahia: Ivan Azzi, 2017.

ROSSONI, Igor. *Zen e a poética auto-reflexiva de Clarice Lispector*. São Paulo: Unesp, 2002.

SANTO AGOSTINHO. *Confissões*. São Paulo: Paulus, 1984.

SCHOPENHAUER, Arthur. *Aforismos para a sabedoria de vida*. Trad. Jair Barboza. São Paulo: Martins Fontes, 2006.

SENZAKI, Nyogen. *101 cuentos zen*. Espanha: Galaxia Gutenberg, 2013.

SHAH, Idries. *The sufis*. London: The Idries Shah Foundation, 2015.

SHELDRAKE, Rupert. *A ressonância mórfica & A presença do passado: Os hábitos da natureza*. Portugal: Crença e Razão, 1995.

_____. *Ciência sem dogmas*. São Paulo: Pensamento-Cultrix, 2009.

_____. *Uma nova ciência da vida*. São Paulo: Pensamento-Cultrix, 2014.

SILVA, Paulo Neves da. *Citações e pensamentos de Friedrich Nietzsche*. Alfragide: Casa das Letras, 2009.

SOUCHARD, Philippe-Emmanuel. *Respiração*. São Paulo: Summus, 1989.

TILL, Marietta. *A força curativa da respiração: exercícios respiratórios para o corpo, a alma e o espírito*. São Paulo: Pensamento, 1988.

TOLLE, Eckhart. *O poder do agora*. Rio de Janeiro: Sextante, 2002.

WEISINGER, Hendrie. *Inteligência emocional no trabalho*. Rio de Janeiro: Objetiva, 1997.

WHITFIELD, Mark. *Questões do coração*. Estados Unidos: Kino International, 2013. 1 DVD (107 min).

WOLMAN, Richard N. *Inteligência espiritual*. Rio de Janeiro: Ediouro, 2001.

WOOD, Ernesto. *Curso práctico de concentración mental*. Argentina: Kier, 1999.

ZOHAR, Dahah.; MARSHALL, Ian. Q. S. *Inteligência espiritual – o "Q" que faz a diferença*. Rio de Janeiro: Record, 2000.

Katla Syndrome (percepção)

Física quântica Teorias:
Fenda Dupla ; Entrelaçamento quântico

1) Alan Watts

Printed in Great Britain
by Amazon

49838156R00102